Tobias Stuke

# Technologie und Anwendung von Electronic Commerce

**Bibliografische Information der Deutschen Nationalbibliothek:**

Bibliografische Information der Deutschen Nationalbibliothek: Die Deutsche Bibliothek verzeichnet diese Publikation in der Deutschen Nationalbibliografie; detaillierte bibliografische Daten sind im Internet über http://dnb.d-nb.de/ abrufbar.


Druck und Bindung: Books on Demand GmbH, Norderstedt Germany
ISBN: 9783838611983

http://www.diplom.de/e-book/217118/technologie-und-anwendung-von-electronic-commerce

**Tobias Stuke**

# Technologie und Anwendung von Electronic Commerce

Diplom.de

Tobias Stuke

# Technologie und Anwendung von Electronic Commerce

**Diplomarbeit**
**an der Technischen Universität Darmstadt**
**Juli 1998 Abgabe**

*Diplomarbeiten* **Agentur**
**Dipl. Kfm. Dipl. Hdl. Björn Bedey**
**Dipl. Wi.-Ing. Martin Haschke**
**und Guido Meyer GbR**

**Hermannstal 119 k**
**22119 Hamburg**

**agentur@diplom.de**
**www.diplom.de**

ID 1198

ID 1198
Stuke, Tobias: Technologie und Anwendung von Electronic Commerce / Tobias Stuke -
Hamburg: Diplomarbeiten Agentur, 1998
Zugl.: Darmstadt, Technische Universität, Diplom, 1998

---



Dipl. Kfm. Dipl. Hdl. Björn Bedey, Dipl. Wi.-Ing. Martin Haschke & Guido Meyer GbR
Diplomarbeiten Agentur, http://www.diplom.de, Hamburg
Printed in Germany

# Wissensquellen gewinnbringend nutzen

**Qualität, Praxisrelevanz und Aktualität** zeichnen unsere Studien aus. Wir bieten Ihnen im Auftrag unserer Autorinnen und Autoren Wirtschaftsstudien und wissenschaftliche Abschlussarbeiten – Dissertationen, Diplomarbeiten, Magisterarbeiten, Staatsexamensarbeiten und Studienarbeiten zum Kauf. Sie wurden an deutschen Universitäten, Fachhochschulen, Akademien oder vergleichbaren Institutionen der Europäischen Union geschrieben. Der Notendurchschnitt liegt bei 1,5.

**Wettbewerbsvorteile verschaffen** – Vergleichen Sie den Preis unserer Studien mit den Honoraren externer Berater. Um dieses Wissen selbst zusammenzutragen, müssten Sie viel Zeit und Geld aufbringen.

**http://www.diplom.de** bietet Ihnen unser vollständiges Lieferprogramm mit mehreren tausend Studien im Internet. Neben dem Online-Katalog und der Online-Suchmaschine für Ihre Recherche steht Ihnen auch eine Online-Bestellfunktion zur Verfügung. Inhaltliche Zusammenfassungen und Inhaltsverzeichnisse zu jeder Studie sind im Internet einsehbar.

**Individueller Service** – Gerne senden wir Ihnen auch unseren Papierkatalog zu. Bitte fordern Sie Ihr individuelles Exemplar bei uns an. Für Fragen, Anregungen und individuelle Anfragen stehen wir Ihnen gerne zur Verfügung. Wir freuen uns auf eine gute Zusammenarbeit

**Ihr Team der *Diplomarbeiten* Agentur**

Dipl. Kfm. Dipl. Hdl. Björn Bedey –
Dipl. Wi.-Ing. Martin Haschke
und Guido Meyer GbR

Hermannstal 119 k
22119 Hamburg

Fon: 040 / 655 99 20
Fax: 040 / 655 99 222

agentur@diplom.de
www.diplom.de

# Inhaltsübersicht

# Inhaltsverzeichnis

# 1 Einführung

## 1.1 Problemstellung

Der Austausch von Information ist ein wesentlicher Bestandteil von Leistungsaustauschprozessen. Während die Prozesse in der Fabrikproduktion materieller Güter in den letzten Jahrzehnten stark rationalisiert wurden, ist dies bei der Informationsverarbeitung in geringerem Maße geschehen. Angebots- Bestell- und Lieferdaten werden heute zwar elektronisch, jedoch in verschiedenen Gliedern der Wertschöpfungskette in unterschiedlicher Weise verarbeitet.

Die in den letzten Jahren zur Einsatzreife entwickelten Technologien für Computernetzwerke bieten neue Möglichkeiten der Integration und Verzahnung von Wertschöpfungsketten und somit Anwendungsmöglichkeiten für den Handel mit materiellen und nichtmateriellen Gütern sowie Dienstleistungen. Dabei gibt das **Internet**, insbesondere dessen Dienst „World Wide Web" (WWW) durch intuitive Bedienung, offene Standards, weite Verbreitung und die Vielfalt an verfügbarer Software wesentliche Impulse. Deshalb soll in dieser Arbeit die Technologie des internetgestützten **Electronic Commerce** behandelt werden.

Zur Realisierung der Wettbewerbsvorteile durch die Integration von Wertschöpfungsketten muß der Überblick über die Technologie vorhanden sein, die dazu genutzt werden kann. Während vor einigen Jahrzehnten der konkrete Anwendungsbedarf die Technologieentwicklung vorangetrieben hat, ist nun eine Umkehr dieses Schemas zu beobachten. Die Technologieentwicklung hat sich von existierenden Bedürfnissen abgekoppelt. Innovative Anwendungsmöglichkeiten können daher nur identifiziert werden können, wenn die technischen Grundlagen bekannt sind.

**Das Ziel der vorliegenden Arbeit ist es daher, die in Frage kommenden Technologien und ihre Anwendungen zu identifizieren, zu ordnen und zu beschreiben.**

Konkret stellen sich die folgenden Fragen:

- Was ist Electronic Commerce ?
- Was ist das Internet, wie funktioniert es und welches sind seine Eigenschaften ?
- Wie verbreitet ist das Internet und wer sind die Nutzer ?
- Was ist „Sicherheit", welche Arten der Beeinträchtigung und Möglichkeiten ihrer Vermeidung gibt es ?

- Welche Zahlungssysteme gibt es, welche Bedeutung haben sie, wie funktionieren sie und wie sind sie zu beurteilen ?
- Welche Geschäftsmodelle sind im Electronic Commerce möglich ?
- Welches sind die Chancen und Risiken von Electronic Commerce ?
- Welches sind die Erfolgsfaktoren von Electronic Commerce-Angeboten ?

## 1.2 Begriff

Es hat sich noch **keine verbindliche Definition** durchgesetzt, was unter Electronic Commerce (E-Commerce, EC) zu verstehen ist. Daher wird dieser Frage anhand verschiedener, gebräuchlicher Definitionen und ergänzender Überlegungen nachgegangen.

#### Wörtliche Übersetzung

Die wörtliche Übersetzung von „Electronic Commerce" ist **„elektronischer Handel"**. Würde der Terminus „*Electronic*" ohne Einschränkung wörtlich verstanden, wäre jeder Handel unter Einbeziehung elektronischer Geräte (Telefon, Fax) „Electronic Commerce".

Deshalb soll „Electronic" hier im Sinne von **Computer** verstanden werden. In Zukunft werden allerdings Computer, Geräte der Unterhaltungselektronik und Telekommunikations-Endgeräte zunehmend verschmelzen und damit auch die Definition verwischen.

#### Verbandsdefinition

Die Electronic Commerce Association (ECA) definiert EC wie folgt:

> *„Electronic Commerce can be simply described as doing business electronically. More precisely it is conducting the exchange of information using a combination of structured messages (EDI), unstructured messages (e-Mail), data, databases and database access across the entire range of networking technologies."*[1]

Danach ist EC **interaktiv** und findet zwischen **Netzwerken** statt. Dazu können verschiedene Dienste und Technologien genutzt werden. Die ECA-Definition ist für den Zweck dieser Arbeit zu weit gefaßt, da alle Netzwerktechnologien erfaßt werden und EDI einschließt.

---

[1] ECA (1997)

### Abschließende Definition

Der Begriff „Electronic Commerce“ (wörtlich: „Elektronischer Handel“) wurde erst in den letzten vier bis fünf Jahren geprägt, obwohl es seit über einem Jahrzehnt Unternehmen gibt, die über Electronic Data Interchange (EDI, ein System strukturierter elektronischer Nachrichten) Handel auf elektronischem Wege betreiben. Banken, Wertpapier- und Rohstoffbörsen, Wertpapierbroker, Automobilhersteller sowie der Buchhandel betreiben branchenspezifische Systeme. Die Abwicklung geschieht über Telefonstandleitungen, Netze von Dienstleistern oder seit einigen Jahren auch über das Internet.

Obwohl es hier branchenübergreifende Standards gibt (UN-EDIFACT und ANSI X12), tauchten die Begriffe „**Electronic Commerce**“ und „**Electronic Business**“ neu auf. Dies geschah zeitgleich mit dem Eintritt des Internet in eine starke Wachstumsphase. Es hat in wenigen Jahren eine Verbreitung erzielt, die den bislang existierenden Formen elektronischen Handels nie gelungen ist. Dafür sind vielfältige Möglichkeiten, weite Verbreitung, geringe Kosten und einheitliche, offene Standards verantwortlich.

Häufig wird der Begriff „**Electronic Business**“ verwendet. Darunter versteht man alle Vorgänge der externen und internen Wertschöpfung, die mittels elektronischer Medien stattfinden. „Electronic Commerce“ bezeichnet dagegen die externe Wertschöpfung, zu der Marketing, Transaktion (Verkauf) und Vertrieb gehören. In dieser Arbeit soll der Schwerpunkt auf die **Transaktion** gelegt werden, da sie den Kern des Electronic Commerce bildet. Dazu gehören

- Auswahl eines zu kaufenden Produktes
- Serviceleistungen, die unmittelbar der Produktauswahl dienen
- Auftragserteilung
- Auftragsbestätigung sowie
- Zahlung.

Somit läßt sich eine Definition von Electronic Commerce im Sinne dieser Arbeit, d.h. EC im engeren Sinne angeben:

> *Electronic Commerce ist die elektronische, interaktive Abwicklung von Geschäften in den Phasen Produktauswahl, -bestellung und -zahlung mittels Computernetzwerken.*

## 1.3 Abgrenzung des Themengebietes

In dieser Arbeit sollen technische und betriebswirtschaftliche Aspekte berücksichtigt werden. Auf die Darstellung der rechtlichen und politischen Begleitaspekte von EC wird nicht eingegangen.

Die Untersuchung wird ferner auf **Internet-Technologie** beschränkt. Dies impliziert, daß geschlossene Netze mit proprietärer Technologie nicht behandelt werden. Dazu gehören z.B. Online-Dienste (t-online, AOL, Compuserve). Ebenfalls nicht betrachtet wird der Themenkomplex „Intranet“. Obwohl dort ebenfalls Internet-Technologie verwendet wird, handelt es sich um ein internes Netz, welches zur Unterstützung von E-Commerce genutzt werden kann. Der elektronische Handel an sich wird jedoch nicht über diese Netze abgewickelt.

Als **Handelsbeteiligte** werden Unternehmen und Endverbraucher betrachtet. Das größte Potential hat mittelfristig der Leistungsaustausch zwischen Unternehmen („business-to-business“, btb). Das Gegenstück stellt der Handel zwischen Unternehmen und Endverbrauchern dar („business to consumer“, btc).

Als **Handelsgegenstand** werden materielle und immaterielle Güter sowie Dienstleistungen betrachtet. Da die Vielfalt der denkbaren Dienstleistungen nur von der Phantasie der Anbieter abhängt, ist diese Arbeit auf den derzeit wichtigsten Bereich „Bankdienstleistungen“ fokussiert. Nicht betrachtet werden Dienstleistungen, die das Internet selbst zum Gegenstand haben (z.B. Internetprovider).

E-Commerce kann intern und extern in mehreren Phasen der betrieblichen Wertschöpfungskette betrieben werden. Die Wertschöpfungskette läßt sich in primäre und Unterstützungsaktivitäten gliedern. Tabelle 1 zeigt einige Anwendungen von E-Commerce im Sinne der obigen Definition in den primären Wertschöpfungsaktivitäten.

**Tabelle 1: Einige Möglichkeiten der E-Commerce-Anwendung**

| Primäraktivität [2] | E-Commerce Anwendung |
|---|---|
| interne Logistik | — (möglich im Rahmen eines Intranet) |
| Produktion | Übermittlung von Produktionsdaten durch den Käufer in das Produktionsplanungssystem |
| Externe Logistik | Auftragserfassung und elektronische Veranlassung von Lieferungen an Händler oder Endkunden |
| Marketing | Bereitstellen von zielgruppenorientierten Produktinformationen und Referenzen, gezielte Ansprache des einzelnen potentiellen Käufers |
| Verkauf | Auftragserfassung und Zahlung gegenüber internen und externen Kunden |
| Service | Produktbezogene Beratung |

[2] vgl. Porter (1986)

| Unterstützungsaktivität [3] | E-Commerce Anwendung |
|---|---|
| Unternehmens-Infrastruktur | — möglich im Rahmen eines Intranet |
| Personalwirtschaft | — möglich im Rahmen eines Intranet |
| Technologie-Entwicklung | — möglich im Rahmen eines Intranet |
| Beschaffung | Auftragsübermittlung und Zahlung gegenüber Lieferanten. |

## 1.4 Verlauf der Untersuchung

Zunächst wird eine kurze Einführung in Entstehung und Verwaltung des Internet gegeben. Hier wird gezeigt, wozu das Internet ursprünglich entwickelt wurde und woher sein Potential, aber auch seine Schwächen stammen. Außerdem wird geklärt, wie es verwaltet wird, wem es gehört und wer es finanziert.

Der Schwerpunkt der Arbeit liegt auf den beiden folgenden Kapiteln, in denen die **technischen Grundlagen** beschrieben werden. Diese beinhalten Protokolle, die verwendbaren Dienste, Sicherheitstechnologie und Zahlungssysteme.

Damit ist das Fundament gelegt für die Behandlung der konkreten Geschäftsmodelle, die auf den behandelten Technologien aufgebaut werden können. Sie basieren auf den Diensten „World Wide Web“ (WWW) und E-Mail. Die anderen Internetdienste werden nicht eigenständig genutzt; sie sind in der grafischen Benutzeroberfläche des WWW integriert.

[3] vgl. Porter (1986)

# 2 Das Internet

## 2.1 Entstehung

Das Internet ging aus einem evolutorischen Prozeß hervor, der während des kalten Krieges begann. Das US-Verteidigungsministerium gründete die Behörde „Advanced Research Projects Agency“ (ARPA) , die sich u.a. mit der militärischen Nutzung von Datenübertragung beschäftigte. Die ARPA trieb mit staatlichen Mitteln die Entwicklung geeigneter Netzwerktechnologie voran. Eines der Entwicklungsziele war die Sicherstellung der Funktionsfähigkeit auch bei Ausfall einzelner Netzknoten.

Neben der militärischen boten sich weitere Nutzungsmöglichkeiten an, zu jener Zeit vor allem die Nutzung der wenigen zentralen Hochleistungsrechner für externe Wissenschafler. 1969 wurde das Konzept erstmals durch die Vernetzung von drei Universitäten und einer Forschungseinrichtung in eine praktische Anwendung (Arpanet) umgesetzt.

Aus heutiger Sicht wird die Entwicklung des Internet in die Experimentierphase, die Skalierungsphase und die universelle und globale Anwendung eingeteilt[4]. In der **Experimentierphase** ab 1969 wurde im Rahmen eines „Internetting Project“ an der Verknüpfung des Arpanet mit den entstehenden privaten und öffentlichen Netzwerken geforscht. Die gefundene Lösung bestand in einer gemeinsamen Familie von Netzwerkprotokollen, dem TCP/IP. Es wurde 1983 zum Standard, als alle Knoten des Arpanetzes damit ausgerüstet waren. Seitdem ist die Bezeichnung „Internet“ für das Arpanet und alle angeschlossenen Netzwerke geläufig.

In der **Skalierungsphase** ab 1983 wurde das Internet einer breiteren Öffentlichkeit bekannt. Die National Science Foundation (NSF) gründete das NSFNET, welches die sechs Supercomputingzentren der USA mit einem Backbone (System leistungsfähiger Datenleitungen) verband. 1986 wurde das Domain Name System (DNS) eingeführt, welches jedem Internet-Rechner eine eindeutige Adresse zuordnet. Dieses offene Adreßsystem bildete die Grundlage für weiteres Wachstum. In Deutschland gründete 1984 der „Verein zur Förderung eines deutschen Forschungsnetzes“ (DFN) das Wissenschaftsnetz (WIN).

Der Übergang zur universellen und **globalen Anwendungsphase** erfolgte 1992 mit der Entwicklung des World Wide Web (WWW) am europäischen Kernforschungszentrum in Genf (CERN). Zweck dieser Entwicklung war es, einfachen Zugriff auf verteilte

---

[4] vgl. Alpar (1996), S. 15

wissenschaftliche Dokumente im CERN zu schaffen. Ferner wurde die Internet Society (ISOC) gegründet, die als internationale Koordinationsstelle für Standards und Weiterentwicklungen dient. Mit zunehmender Zahl der angeschlossenen Netze und Provider begann die Kommerzialisierung des Internet. In den USA übernahmen 1995 private Investoren viele der zuvor staatlichen Teilnetze, und zunehmend traten Internet-Provider mit Zugangs-, Hosting[5]- und weiteren Angeboten in den Markt ein.

## 2.2 Struktur

Das Internet ist ein heterogenes **Metanetzwerk**[6], das aus Zehntausenden von Netzen und Einzelrechnern verschiedener Betreiber (Unternehmen, Universitäten, Forschungsinstitute, Privatleute, öffentliche Verwaltungen) besteht. Die Netze sind über verschiedene Leitungstypen so verbunden, daß jeder Computer von allen anderen aus erreichbar ist und seinerseits jeden anderen Rechner erreichen kann. Jede Person, die Zugang zum Internet hat, ist über ihre Nutzerkennung und die Adresse ihres Rechners und des Netzwerkes (s. Kap. 3.3) identifizierbar. Die Verbindungen zwischen den Teilnetzen können als Telefon- oder Datenleitungen, Funk/Laserstrecken oder Satellitenverbindungen ausgeführt sein.

Die Architektur des Internet baut auf dem **Client/Server-Modell** auf, in dem eine Funktionsaufteilung zwischen Client und Server festgelegt ist, wie sie auch in betrieblichen Netzwerken zu finden ist. Der Internetdienst „World Wide Web“ (WWW) wird von einem „WWW-Server“ bereitgestellt. Der Server ist dabei zuständig für

- Datenspeicherung
- Versand von angeforderten Dateien und die
- Ausführung von Programmen, die über das WWW aufgerufen werden.

Zur Nutzung wird ein WWW-Client, z.B. „Netscape Navigator“[7] benutzt. Dieser Browser[8] ist zuständig für

- Datendarstellung
- Empfang von angeforderten Dateien und die
- Ausführung von Programmcode, der in den angeforderten Dokumenten in binärer Form enthalten sind.

---

[5] „hosting“ bedeutet das Abspeichern von Internetseiten auf Rechnern für andere gegen Entgelt.

[6] „Meta“ bedeutet „über“, also ein Netzwerk über Netzwerke, d.h. jedes Teilnetz ist eine Untermenge des Internet.

[7] enthalten in der WWW-Suite „Netscape Communicator“, die neben dem WWW-Client „Navigator“ weitere Clients für andere Internetdienste enthält, z.B. den E-Mail-Client „Messenger“.

[8] engl: „to browse“ bedeutet „blättern“

Weder Client noch Server müssen ständig ein Teil des Internet sein. Beide können eine temporäre Verbindung über Modem, ISDN, LAN usw. herstellen. Die überwiegende Mehrzahl der Clients nutzt Modem/ISDN und eine Telefonleitung für eine temporäre Einwahl. Ein Server wird bei häufiger Nutzung i.d.R. ständig „im" Internet sein, um die bestmögliche Erreichbarkeit sicherzustellen. Bei geringerer Nutzungsfrequenz kann auch eine temporäre Einwahl bei eintreffender Anfrage konfiguriert werden, um die Kosten zu vermeiden, die mit dem Betrieb einer Standleitung verbunden sind.

Übertragen auf den Prozeß des Leistungsaustausches entspricht der Server dem Verkäufer (Händler), der Client dem Käufer. Auf dem Server des Händlers werden Electronic Commerce-Angebote für den Benutzer des Client bereitgestellt.

## 2.3 Paketvermittlung

In dieser Struktur gibt es von jedem Rechner innerhalb eines Teilnetzes viele verschiedene Möglichkeiten, eine Verbindung zu einem anderen Rechner aufzubauen. Die Daten werden aufgrund des Prinzips der Paketvermittlung in unabhängige Pakete zerlegt, von denen jedes die Zieladresse und eine Identifizierung seiner Position im Datenstrom (Sequenznummer) trägt. Die Netzknoten (d.h. andere Internetrechner) leiten die ankommenden Pakete weiter. Die Pakete nehmen nicht notwendigerweise alle den gleichen Weg, zudem ist dieser von der gerade verfügbaren Bandbreite einer Netzstrecke und der Erreichbarkeit anderer Knotenpunkte abhängig. Eine Weiterleitung geschieht immer auf dem Weg, der aus der Sicht eines Knotens am schnellsten erscheint.

Diese Entscheidung bedingt das Vorhandensein einer gewissen Intelligenz seitens der Knoten. Ein Knoten besteht deshalb aus einem Rechner, der als **Gateway** und/oder **Router**[9] konfiguriert werden kann.

Die Vorteile dieses Konzeptes bestehen darin, daß

- die Funktionsfähigkeit des Netzes insgesamt bei Ausfall von Netzknoten nicht beeinträchtigt wird. Die Datenpakete werden in diesem Fall über einen anderen Knoten in Richtung Zieladresse weitergeleitet. Es ist also keine direkte Verbindung zwischen Server und Client nötig[10].
- bei ankommende Pakete bei Überlastung einzelner Teilstrecken automatisch einen anderen, weniger belasteten Weg geschickt werden. Dies verringert die Übertragungsverzögerung durch Datenstau.

Nachteilig dagegen ist, daß

[9] Ein Router kann nur Pakete zwischen Knoten mit dem gleichen Protokoll weiterleiten, ein Gateway dagegen zusätzlich zwischen verschieden"sprachigen" Knoten vermitteln.

[10] Diese Eigenschaft entspricht dem Entwicklungsziel der ARPA, ein Netz zu entwickeln, welches selbst einen nuklearen Angriff übersteht, ohne insgesamt auszufallen.

- die Betreiber von Netzknoten Zugriff auf den durchgehenden Datenstrom haben
- der Zielrechner (Client) Datenpakete erst zusammenfügen kann, wenn alle Pakete mit niedrigeren Sequenznummern bereits eingetroffen sind. Das wirkt sich insbesondere auf Echtzeitanwendungen aus, die auf einen fortlaufenden Datenstrom angewiesen sind (Internet-Telefonie, Audio/Videowiedergabe)
- es sich nicht vorhersagen läßt, welche Pakete eines Datenstroms welchen Weg zum Empfänger geleitet werden, da die Vermittlungsentscheidungen der Netzknoten nicht vorhersehbar sind.

## 2.4 Verwaltung und Finanzierung

Die Internetadressen („Domain", z.B. www.tu-darmstadt.de) werden vom InterNIC[11] Registration Service des Unternehmens Network Solutions vergeben, soweit es sich um die Adressen vom Typ .com, .edu, .mil, .gov, .org und .net handelt. Die Adressen in Staaten außerhalb der USA mit hoher Zahl an Netzwerken werden von nationalen NICs (DE-NIC für Deutschland, UK-NIC für Großbritannien etc.) im Auftrag des InterNIC verwaltet. Die NICs nehmen Anträge auf die Registrierung neuer Domains entgegen, prüfen, ob der Name bereits vergeben ist und tragen neue Domainnamen in die von ihnen geführten Namenstabellen ein.

Die Teilnetze und Einzelrechner, aus denen das Internet besteht, gehören dem jeweiligen Betreiber, „das Internet" ist also nicht das Eigentum einer einzelnen Wirtschaftseinheit und wird nicht zentral verwaltet. Jeder Teilnetzbetreiber verwaltet und finanziert sein Teilnetz selbst.

Während der Experimentier- und Skalierungsphase bestand das Internet überwiegend aus Teilnetzen staatlicher Organisationen, seine Entwicklung wurde aus staatlichen Forschungsmitteln finanziert. In der jetzt erreichten Phase der globalen Anwendung werden die Kosten von den nun überwiegend privaten Betreibern der Teilnetze auf die Nutzer der Clients und die Server-Betreiber weitergegeben. Dabei zahlt der Client-Nutzer

- die Bereitstellung des Internetanschlusses durch den Provider
- die Leitung bis zum nächstgelegenen Einwahlknoten des Providers
- das Entgelt für kostenpflichtigen Inhalt und die
- Bereitstellung und Administration von Rechner und Client-Software.

Der Server-Betreiber trägt die Kosten für

- die Bereitstellung einer Standleitung oder temporären Leitung zur Übertrgaung seiner Daten

[11] „International Network Information Center"

- das übertragene Datenvolumen
- die Bereitstellung und Administration von Rechner und Server-Software
- den Datentransfer vom Server zum Client
- die Erstellung und Pflege von Inhalten sowie für
- die Beantwortung von E-Mail-Anfragen.

Diese Kosten sind in der Praxis für den Client-Nutzer um Größenordnungen geringer als für einen Server-Betreiber.

## 2.5 Eigenschaften

Um die Identifizierung von geeigneten E-Commerce-Lösungen zu ermöglichen, werden in diesem Kapitel die Eigenschaften des Internet abstrakt aufgeführt. Dadurch wird vermieden, daß der Blick auf bereits existierende Lösungen fixiert ist.

1. Das Internet ist ein **technisch offenes Netzwerk**. Jeder Computer mit einem Prozessor, für den es ein TCP/IP-fähiges Betriebssystem gibt, kann in das Internet eingebunden werden. Auch alle anderen Internet-Protokolle sind unabhängig von Prozessortypen oder Betriebssystemen.
2. Diese **Offenheit existiert auch in organisatorischer Hinsicht**. Jede natürliche oder juristische Person hat die Möglichkeit, bei einem Provider ihrer Wahl innerhalb weniger Tage einen Zugang und eigene E-Mail-Adresse zu bekommen. Es gibt keine zentrale Überwachung oder Genehmigung des Zugriffes oder des Angebotes, von Ländern mit restriktiven Menschenrechten einmal abgesehen (China, Iran, Irak). Die Internetstandards werden von Non-Profit-Organisationen unter Mitwirkung von Unternehmens- und Regierungsvertretern sowie Privatleuten entwickelt.
3. Die **geringen Kosten** ergeben sich aus der Tatsache, daß alle Infrastrukturinvestitionen auf einem einheitlichen Standard aufgebaut sind und fast jede Art von Internet-Software kostenlos erhältlich ist. Dies gilt für Client-Software genauso wie für WWW-Server. Tabelle 2 zeigt die Strategie von drei Herstellern von Internetsoftware:

**Tabelle 2: Strategie von Internetsoftwareherstellern**

| Hersteller | Netscape | Microsoft | IBM |
|---|---|---|---|
| Client | kostenlos | kostenlos | – |
| Server | kostenpflichtig | kostenlos (Basisausführung) | kostenpflichtig |
| Strategie | Anziehen vieler Nutzer auf die Adresse „www.netscape.com“ | Stützung der Monopolstellung bei Desktop-Betriebssystemen durch<br>Verschmelzung von Betriebssystem und Internet -Clients | Komplettanbieter mit Ressourcen für Großprojekte |
| Erlöse aus | Serversoftware, Service, kommerzielle Nutzung der eigenen Homepage (Werbung, Kundenvermittlung) | Betriebssystem-Verkauf, Office-Pakete | Hardware, Software, Beratung, Service, Netzwerkbetrieb |

1. Eine weitere Eigenschaft des Internet ist seine **Schnelligkeit**. Der Aufruf von Informationen im WWW hat die sofortige Zusendung des gewünschten Dokumentes durch den Server des Verkäufers zur Folge (Zustand „online“). Elektronische Post, die ohne Verbindung zu einem anderen Computer („offline“) geschrieben und verschickt wird, während die kommunizierenden Computer online sind, benötigt meist nur wenige Sekunden, bis sie alle Knoten auf ihrem Weg zum elektronischen Briefkasten („Mailbox“) des Empfängers passiert hat.

2. Das Internet ist **24x7 Stunden automatisiert verfügbar.** Dadurch wird die persönliche Anwesenheit von Käufer und Verkäufer entkoppelt. Der Käufer kann den Einkaufsvorgang zu den für ihn günstigsten Zeiten durchführen, der Händler ist nicht gezwungen, zu einer bestimmten Zeit an einem bestimmten Ort persönlich anwesend zu sein. Damit ist das Medium ortsungebunden.

3. Schließlich ist das Internet **global** verfügbar, so daß ein Verkäufer für Millionen von potentiellen Käufern erreichbar ist. Die Erreichbarkeit ist dabei unabhängig von der Größe oder finanziellen Ausstattung des Verkäufers.

## 2.6 Nutzerzahlen

### 2.6.1 Kommerzielle Angebote

Für die vorliegende Arbeit sind ausschließlich *kommerzielle* Angebote interessant. Es soll davon ausgegangen werden, daß sie überwiegend den Internet-Dienst „WWW“ nutzen. Weiterhin wird angenommen, daß kommerziell genutzte Adressen entweder vom Typ .com oder einem der nationalen Typen sind.

Nicht alle .com-Sites oder nationale WWW-Seiten sind kommerzielle Angebote. Die verfügbaren Statistiken unterscheiden jedoch lediglich nach dem Typ einer Domain und der Art des Internetdienste. Art und Umfang der *tatsächlich* stattfindenden Aktivitäten werden nicht erfaßt. Es soll deshalb angenommen werden, daß 60% aller .com- und nationalen Adressen tatsächlich kommerziellen Zwecken dienen. Diese Schätzung geht davon aus, daß die finanziellen Mittel für Registrierung und Erhalt einer eigenen Domain zum überwiegenden Teil in der Erwartung eines entsprechenden Ertrages investiert werden. Es wird für Anbieter nichtkommerzieller (Privater) Seiten davon ausgegangen, daß sie sehr preissensitiv sind und überwiegend auf die Angebote der Internetprovider zurückgreifen. Diese beinhalten *keine* eigene Internetadresse und sind kostenlos oder in Verbindung mit einem Internetzugang ab ca. 10 DM/Monat erhältlich.

Bild 1 zeigt die Entwicklung des kommerziellen WWW. Grundlage ist die „Web Server Survey“ von Netcraft[12]. Dazu schickt ein Suchprogramm an jede Internetadresse eine Anfrage nach dem Typ des Webservers. Im Gegensatz zu Zählungen von Internet-Rechnern, die auch Mail- und Newsserver erfassen, berücksichtigt diese Zählung nur *aktive WWW*-Server.

Tabelle 3 zeigt die Entwicklung der Zahl kommerzieller WWW-Angebote.

**Tabelle 3: Berechnung der Zahl der kommerziellen WWW-Angebote**

| | (in 1000) | TLD | TLD | TLDs | TLDs | Kommerzielle Server | |
|---|---|---|---|---|---|---|---|
| | WWW-Server | .com (%) | .com | national | mil etc. | 0,6*(com+national) | Wachstum (%) |
| Jun 94 | 3 | 14,0 | 0,4 | 2 | 0 | 1620 | |
| Dez 94 | 10 | 18,0 | 1,8 | 7 | 1 | 5400 | |
| Jun 95 | 24 | 31,0 | 7,4 | 14 | 2 | 12960 | 700 |
| Jan 96 | 75 | 52,0 | 39,0 | 29 | 8 | 40500 | |
| Jul 96 | 300 | 67,0 | 201,0 | 69 | 30 | 162000 | 1150 |
| Jan 97 | 646 | 63,0 | 407,0 | 174 | 65 | 348840 | |
| Jul 97 | 1203 | 60,0 | 721,8 | 361 | 120 | 649620 | 301 |
| Jan 98 | 1520 | 62,0 | 942,4 | 426 | 152 | 820800 | |
| Apr 98 | 2215 | 60,5 | 1339,4 | 657 | 219 | 1197600 | 84 |
| | | | | | | **Durchschnittlich:** | **559** |

TLDs .mil etc. (April 1998)

| | Zahl | % | Gesamt |
|---|---|---|---|
| net | 57525 | 55,8 | 103184 |
| edu | 6081 | 24,5 | 24820 |
| mil | 596 | 36,0 | 1656 |
| org | 39914 | 46,2 | 86413 |
| gov | 827 | 23,8 | 3475 |
| | | | 219547,25 |

Bild 1 zeigt die Entwicklung graphisch.

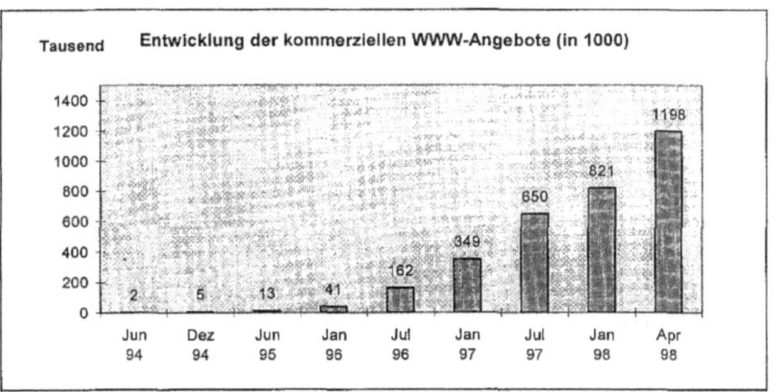


**Bild 1: Entwicklung des kommerziellen WWW** [13] [14]

[12] Netcraft (1998)

[13] Netcraft (1998), Daten vor Januar 1996 aus **Gray (1996)**

Nach diesen Daten gab es im April 1998 ca. 2,2 Mio. aktive Webserver. Davon gehören ca. 220.000 zu den Domaintypen .mil, .edu, .gov, .net und .org. Wenn 60% aller restlichen WWW-Server kommerziellen Zwecken dienen, so ergibt dies ca. 1,2 Mio. aktive, kommerzielle Webserver.Der Trend zeigt, daß das kommerzielle WWW weiter wächst. Von Januar 1996 bis Januar 1997 wies das kommerzielle WWW ein Wachstum von 860% auf, von Januar 1997 bis Januar 1998 noch 235%. Dies und die Größenordnung von über einer Million aktiven, kommerziellen Angeboten zeigt, daß das WWW eine breite Basis für Electronic Commerce bietet.

Ein genauerer Anhaltspunkt für die Zahl der Anbieter könnte die Zahl der verkauften E-Commerce-Komplettlösungen oder die Zahl der existierenden virtuellen Geschäfte sein (bei denen konkret Dinge gekauft werden können). Sie werden jedoch nicht erfaßt und entziehen sich so jeder Abschätzung.

### 2.6.2 Nachfrager (Käufer)

Für die Nutzer des Internet gibt es keine solche Identifikationsmöglichkeit. Aufgrund der begonnenen Kommerzialisierung besteht jedoch Nachfrage nach Informationen über deren Anzahl. Sie wird von spezialisierten Marktforschungsunternehmen über Befragungen geschätzt. Die Frage nach den Nutzerzahlen ist vor allem im business-to-consumer Markt interessant.

Dabei werden unterschiedliche Definitionen der Befragten zugrundegelegt (in Klammern der Name des betreffenden Unternehmens)

- „Personen mit Internet-Zugang“ (Nielsen Media)
- „WWW-Nutzer“ (IDC)
- „Computer mit Internet-Anbindung“ (Network Wizards)
- „Nutzer von Online-Diensten und Internet“ (Intelliquest)
- „Internet-Nutzer“ (Forrester Research)

Von Juni bis Mai 1996 wurden von diesen Unternehmen Zahlen zwischen 10 und 50 Millionen Internet-/Online/WWW- Nutzern angegeben.[15]

Die Daten machen keine Aussagen über Personen, die Elektronischen Handel nutzen. Deshalb werden folgende **Annahmen** über die Relation zwischen den Nutzerzahlen von Online- und Internetdiensten und den Nutzern von EC getroffen:

- Eine Vergrößerung der gesamten Nutzerzahl bedeutet eine Vergrößerung der Zahl von potentiellen EC-Nutzern
- Internet- und Onlinedienste werden überwiegend zur Benutzung des WWW genutzt.

[14] zu beachten: Der Abstand der letzten beiden Balken ist in der Grafik zu groß dargestellt. Das Wachstum erscheint geringer als es wirklich ist (bis *Juli* 1998 wird die Zahl weiter gestiegen sein).

[15] http://www.intern.de/96/20/02.htm

- Aus den vorliegenden Zahlen kann auf die *Größenordnung* und den *Trend* der potentiellen EC-Nutzerzahlen geschlossen werden.

Die Intelliquest-Studie zur Nutzung von Internet-/Online-Diensten in Europa stellte fest, daß in Großbritannien, Frankreich und Deutschland ca. 8,5 Millionen Personen über 16 Jahre solche Dienste nutzen[16]. Eine andere Studie ermittelte Mitte 1997 51 Millionen Nutzer von Internet und Online-Diensten alleine in den USA (+46% gegenüber 1996). Weitere 8,5 Millionen wollen noch 1997 mit der Nutzung beginnen. 66% hatten einen privaten Zugang, die Zahl der Büronutzer nimmt jedoch überdurchschnittlich schnell zu (+57% gegenüber +46% für die Gesamtnutzer). 27,6 Millionen US-Bürger nutzten das Internet *indirekt* zum Einkaufen (d.h. zur Information über Produkte), 8,6 Millionen haben direkt über das Internet eingekauft (17% aller Nutzer). Der Median der Kaufsummen beträgt US$ 50 pro Monat.[17]

Daraus ergibt sich eine Zahl von ca. 60 Millionen Nutzern von Internet und Online-Diensten alleine für die USA, Großbritannien, Frankreich und Deutschland. Wenn die Nutzer in Asien (Japan, Tigerstaaten), Skandinavien, Osteuropa, Südamerika, Kanada und Australien berücksichtigt werden, erhöht sich die Schätzung sicher um mehrere 10 Millionen Nutzer.

Die Größenordnung von ca. 90 Millionen Nutzern ist im Vergleich zu der von Nutzern herkömmlicher Absatzkanäle weltweit recht gering. Unter der Annahme, daß die USA als überdurchschnittlich weit entwickelt angesehen werden können, läßt schließen, daß weltweit deutlich weniger als 17% der Internet-*Nutzer* auch über das Internet *einkaufen*.. Die Annahme basiert auf der Vormachtsstellung US-Amerikanischer Unternehmen bei Internet-Software und -Standards, auf den geringen Kosten für Online-Zeit[18] und der höheren Verbreitung von PCs in US-Haushalten.

### 2.6.3 Umsatz

Zur Beurteilung der Bedeutung des Internet für Electronic Commerce, insbesondere im btb-Bereich müssen Daten über den realisierten Umsatz und das zu erwartende Potential zur Verfügung stehen. Die folgenden Zahlen basieren auf einer Untersuchung von 150 Unternehmen aus 12 industriellen Branchen. In 63 dieser Unternehmen, die bereits aktiv Internethandel betreiben, wurden Interviews durchgeführt.

---

[16] Rominski (1997)

[17] Presseveröffentlichung: http://Intelliquest.com/about/release32.htm

[18] Zugang und Leitungskosten sind z.B. pauschal mit US$ 20 (z.B. für den Provider AOL) und der Telefongrundgebühr abgegolten.

Demnach betrug 1996 der Internet-Umsatz *zwischen Unternehmen* in den USA ca. 800 Mio. US$. Für 1997 werden 8 Mrd. (+1.000%) und für das Jahr 2002 wird der vierzigfache Wert (327 Mrd. US$) prognostiziert:

> „Forrester expects nothing short of hypergrowth - with total Internet sales shooting to $327 billion in 2002 ... . Companies are in for a wild ride as suppliers, distributors, and customers pile on-line."[19]

Diese Daten sind lediglich Schätzungen. Zwei Aussagen aus den 63 befragten Unternehmen untermauern jedoch die Aussagen:

> "We've added 150 Internet-based customers in eight months, reaching $1 million a day in spare parts sales on our Web site. Buyers like downloading blueprints on-line, and we eliminate the overhead of printing and sending paper."
>
> (Aerospace Company)
>
> "We are shifting the 70% of phone calls requesting product data into hits on our catalog Web site – available 24x7. Our salespeople are now becoming account managers rather than order takers and information givers."
>
> (Electronic Equipment Distributor)

Zudem veröffentlichen Unternehmen laufend weitere Zukunftspläne, welche ein weiteres Indiz für die Richtigkeit der festgestellten Tendenz sind [20]. Das ermittelte Handelsvolumen (8Mrd. US$ für 1997) setzt sich nach Branchen wie in Tabelle 4 gezeigt zusammen.

**Tabelle 4: Zusammensetzung des btb-E-Commerce 1997**[21]

| Branche | geschätzter Internet-Handelsumsatz 1997 | |
|---|---|---|
| | Absolut (Mio. US$) | Relativ (%) |
| Langlebige Industrieprodukte | 3.000 | 37 |
| Kurzlebige Industrieprodukte | 182 | 2 |
| Großhandel | 2.000 | 24 |
| Energie | 2.000 | 24 |
| Dienstleistungen (inkl. Software) | 1.000 | 13 |
| Summe | 8182 | 100 |

[19] Blane et al (1998)

[20] ein großer Japanischer Halbleiterhersteller will zukünftig 90% des Einkaufsvolumens von 17,4 Mrd. US$ über das Internet abwickeln. Dies bedeutet zusätzlichen EC-Umsatz von 15,6 Mrd. US$. Vgl. CW (1997-3).

[21] Blane et al (1998)

Bisher haben daran langlebige Industriegüter den höchsten Anteil. Darauf folgen Energie und Großhandel. Bei „Energie“ geht es um den Handel von Öl- und Gaskontrakten am Spotmarkt, bei „Großhandel“ um Bestellungen von Großhändlern bei Herstellern.

Dienstleistungen werden in Studie nicht erwähnt. Dazu zählen auch Finanzdienstleistungen, die jedoch bereits in hohem Umfang über Computernetze abgewickelt werden. Als Ursache für das Fehlen in der Studie kann vermutet werden, daß bisher nur sehr wenige Banken und Broker über das *Internet* mit ihren Dienstleistungen handeln. Bei der weit verbreiteten Kontoführung über „*Online-Banking/Broking*“ handelt es sich in den meisten Fällen um geschlossene Netze (in Deutschland z.B. das Netz des Onlinedienstes „T-online“). Diese sind nicht dem Internet zuzurechnen.

Die Zahlen sind zur Aussage über den Trend geeignet, darüber hinaus jedoch zurückhaltend zu bewerten:

- Es handelt sich um Schätzungen, da es keine spezielle Erfassungsstelle für E-Commerce gibt

Sie sind branchenverzerrt, denn 50% des Volumens stammen aus dem Energie-Spothandel und Großhandel (evtl. mit nachgeschaltetem konventionellem Einzelhandel) zurückSie gelten nur für 125 untersuchte US-Unternehmen. Davon wurden 63 Unternehmen eingehend befragt, die alleine 5 von 8 Mrd US$ EC-Handelsvolumen realisieren.

Die Zahlen der Intelliquest-Studie (s.S. 15) entsprechen einem Jahresumsatz von 5,2 Mrd. US$[22]. Es wird nicht angegeben, ob dieser Umsatz ausschließlich dem Business-to-consumer- Bereich zuzuordnen ist, die Größenordnung des Median läßt jedoch die Aussage zu, daß dies überwiegend der Fall ist. Zusätzlich spricht die Befragung von „Personen“ für diese Annahme (sonst wäre sicher von „Unternehmen“ die Rede).

Aus den oben diskutierten globalen Zahlen und Einzelbeispielen läßt sich ein Internet-Handelsvolumen von ca. 13 Mrd US$ allein für die USA angeben[23]. Die Trendaussagen der Marktforscher signalisieren eine weitere starke Steigerung nicht nur der Nutzerzahlen, sondern auch der Umsätze. Daraus läßt sich schließen, daß es für Produktanbieter in Zukunft sehr wichtig sein wird, den neuen Vertriebsweg „Internet“ zu nutzen, um nicht Umsatz an Konkurrenten zu verlieren.

---

[22] 8,6 Mio. Käufer x 50 US$/Monat x 12 Monate=5,2 Mrd. DM

[23] 8 Mrd. btb und 5 Mrd. btc

# 3 Protokolle

## 3.1 Protokollschichten

Jedes Protokoll besteht aus mehreren, hierarchisch angeordneten Schichten, von denen jede eine bestimmte Aufgabe übernimmt.

> „Ein Protokoll wird als ein Satz von Vereinbarungen definiert, der festlegt, wie Daten übertragen werden. Die Vereinbarungen stellen Vorschriften und Regeln dar, nach denen die Kommunikation zwischen Rechnersystemen abläuft.“ [24]

Jede Schicht nutzt die Funktionen der darunterliegenden und bietet ihrerseits der übergeordneten Schicht ihre eigenen Funktionen an. Diese Schichten sind für den Anwender nicht transparent. Die International Standards Organization (ISO) normierte 1983 die Eigenschaften von Kommunikationsprotokollen, indem sie das ISO/OSI-Referenzmodell mit sieben Schichten veröffentlichte.

---

[24] vgl. Alpar (1996), S. 2[illegible]

Das Internet baut auf der TCP/IP-Protokollfamilie auf, die schon vor dem ISO/OSI-Modell existierte und nicht sieben, sondern vier „DoD"-Schichten[25] enthielt, die sich wie in Tabelle 5 gezeigt den ISO/OSI-Schichten zuordnen lassen:

**Tabelle 5: ISO/OSI und DoD-Protokollschichten**

| *Nr.* | *Schicht nach ISO/OSI* | Dienste[26] | | | | *Schicht nach DoD* |
|---|---|---|---|---|---|---|
| 7 | Anwendung | WWW | E-Mail | Datei-übertragung | Domain Name Service | Prozeß/ Applikation |
| 6 | Darstellung | Hypertext Transfer Protocol (HTTP) | Simple Mail Transfer Protocol (SMTP) | File Transfer Protocol (FTP) | Domain Name System (DNS) | |
| 5 | Sitzung | | | | | |
| 4 | Transport | Transmission Control Protocol (TCP) | | User Datagram Protocol (UDP) | | Host-to Host |
| 3 | Netzwerk | Internet Protocol (IP) | Address Resolution Protocol (ARP) | Reverse Address Resolution Protocol (RARP) | Internet Control Message Protocol (ICMP) | Internet |
| 2 | Sicherung | Ethernet, Token Ring etc. | | | | Lokales Netzwerk oder Netzwerkzugriff |
| 1 | Bitübertragung | Übertragungsmedium (Kupfer-Zweidrahtleitung, Koaxialkabel, Glasfaser, Richtfunk etc.) | | | | |

Die ersten beiden Ebenen des ISO/OSI-Modells werden durch die DoD-Netzwerkschicht abgedeckt. Die dritte und vierte ISO/OSI-Schicht stimmen mit den Hauptprotokollen TCP und IP überein. Erst auf der Ebene der ISO/OSI-Schichten 5-7 unterscheiden sich die Modelle wesentlich. Ihnen entspricht im DoD-Modell die Prozeß/Applikationsschicht als einzelne Schicht. Die zur TCP/IP-Familie gehörenden Protokolle wurden auf die folgenden Eigenschaften hin entwickelt:

1. Unempfindlichkeit gegen Leitungs- und Netzknotenausfall
2. Unabhängigkeit von Netzwerkhardware sowie
3. Unabhängigkeit vom Übertragungsmedium zwischen den Netzwerken.

[25] Name entsprechend dem US-Verteidigungsministerium, welches die Entwicklung finanzierte

[26] Nur diejenigen Dienste, die im Zusammenhang mit E-Commerce eine Rolle spielen: Telnet, Archie, WAIS, Gopher und Usenet wurden der Übersichtlichkeit halber weggelassen.

## 3.2 Adreßsystem

### 3.2.1 Adreßstruktur

Jeder Rechner, der ständig oder temporär Teil des Internet ist, besitzt eine eindeutige, numerische IP-Adresse. Die Adresse hat im derzeit aktuellen Standard TCP/IP V.4 eine Länge von 32 Bit. Die Struktur ist von der Form xxx.xxx.xxx.xxx, wobei jeder Adreßteil eine Zahl zwischen 0 und 255 darstellt. Sie enthält in codierter Form die Adresse des Zielnetzes und -Rechners sowie die Route zu diesem Rechner.

Die Zuteilung von Adressen geschieht nicht einzeln, sondern in fünf Adreßklassen (A, B, C, D, E). Tabelle 6 zeigt die Klassen A, B, und C, die in der Praxis eine Rolle spielen.

Tabelle 6: **IP-Adreßklassen** [27]

| | Vorgegeben | | konfigurierbar | |
|---|---|---|---|---|
| Adreß-klasse | Klassen-kennung | Netzwerkadresse, max. zuteilbare Netzwerke | Hostadresse, max. zuteilbare Hosts | Netzgröße |
| A | 1 Bit | 7 Bit (max. 128) | 24 Bit (max. 16.777.214) | groß |
| B | 2 Bit | 14 Bit (max. 16.384) | 16 Bit (max. 65.534) | mittel |
| C | 3 Bit | 21 Bit (max. 2.097.152) | 8 Bit (max. 256) | klein |

Jeder Adreßtyp enthält vorgegebene und konfigurierbare Bits. Je weniger Bit konfigurierbar sind, desto weniger Rechner lassen sich in einem Netzwerk der benutzten Klasse mit eindeutigen Namen versehen. So erhält ein Unternehmen, welches ein großes Netz betreiben möchte, eine Adresse der Klasse A, bei der 8 Bit vorgegeben sind und die restlichen 24 Bit frei zugewiesen werden können.

Dieses Adreßsystem hat bisher gut funktioniert, jedoch werden aufgrund des starken Wachstum des Internet insbesondere die Klasse-A Adressen knapp, von denen es weltweit nur 128 geben kann. Abhilfe verspricht insbesondere das kommende TCP/IP V.6 mit 128 Bit Adreßlänge ($3.4*10^{38}$ Adressen) und zusätzlichen Adreßklassen für eine bessere Ausnutzung des Adreßraums [28].

### 3.2.2 Domain Name System

Zur leichteren Handhabbarkeit setzt das **Domain Name System** (DNS) die numerischen Adressen für den Benutzer in alphanumerische um. Das DNS ist eine weltweit verteilte Datenbank, die von einem Internet-Client bei Eingabe einer alphanumerischen Adresse

---

[27] vgl. ALPAR (1996), S. 23

[28] Eine Organisation, die ihr Teilnetz langfristig auf bis zu 300 Internetrechner ausbauen möchte, kommt mit einer der gutverfügbaren Klasse-C-Adressen (max. 256 Hosts) nicht aus. Sie muß also eine Klasse-B-Adresse verwenden (max. 65534 Hosts). Somit bleiben selbst nach dem Vollaufbau des Teilnetzes 65234 Adressen ungenutzt.

abgefragt wird. Die numerische Adresse 130.83.91.8 ist beispielsweise dem Namen „www.tu-darmstadt.de" zugeordnet.

Als das Internet nur aus wenigen Rechnern bestand, befand sich die Datenbank mit dieser Zuordnung auf jedem Internet-Rechner, die Aktualisierung erfolgte per Dateiübertragung vom NIC. Als die Zahl der Rechner schnell wuchs, wurde dieses Verfahren zu umständlich und es wurde das Domain Name System (DNS) in Form eines Standards geschaffen. Das DNS besteht aus drei Teilen:

**Domain Name Space**: Der Namensraum hat eine Baumstruktur, an deren Spitze der Ursprungsknoten „Root" steht. Darunter befinden sich 3 Arten von Top Level Domains (TLDs). Bild 2 zeigt den Baum des Domain Name Space mit näher ausgeführten Beispielen für einen .com und einen .de Domainnamen. Bild 2 zeigt einen Ausschnitt des Namensraums mit einem näher ausgeführten Beispiel für eine .de und eine .com-Domain.

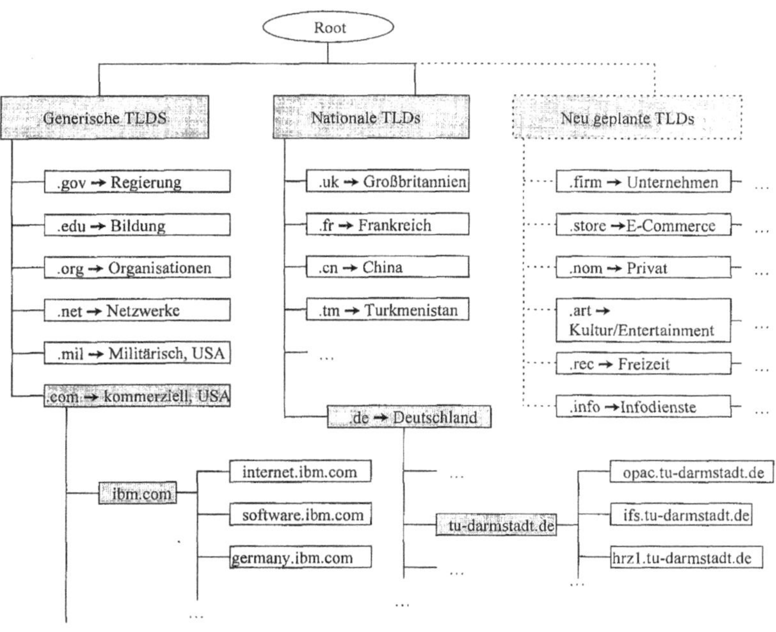


**Bild 2: Domain Name Space**

Die höchste Hierarchieebene steht bei Domainnamen rechts, alle weiteren „Unterdomains" (z.B. opac, ifs, hrz1 am Beispiel der TUD) lassen sich durch den Inhaber des Domainnamens selbst einrichten.

- **Domain Name Server:** Die Namensdatenbank ist auf viele Domain Name Server (Programme oder Rechner, die die DNS-Datenbank verwalten) verteilt. Jeder DNS Server verwaltet einen Knoten mit allen darunterliegenden Zweigen, und er kennt jeden Server auf der Stufe über und unter ihm. Für jede Zone stehen aus Sicherheitsgründen zwei (primary und secondary) Name Server bereit.
- **Domain Name Resolver:** Ein Resolver ist ein Programm bei einem Server, welches Client-Anfragen entgegennimmt und nach der zu einem Namen gehörigen IP-Adresse fragt. Der Server prüft, ob der betreffende Name von einer vorherigen Anfrage in seinem Cache vorhanden ist. Falls nicht, wird ein fremder Nameserver abgefragt.

Im Zusammenhang mit internetgestütztem Electronic Commerce sind die folgenden Aspekte des Adreßsystems wichtig:

- **Adreßraumbegrenzung**: Der Adreßraum des gegenwärtig gültigen IP Version 4 ist auf 32 Bit begrenzt. Damit existieren zwar über 4 Mrd. mögliche Adressen, doch die Adreßbelegung geschieht so, daß viele Adressen nicht belegt werden. Verschärft wird das Problem durch den Trend des „Pervasive Computing", welches Internetfunktionalität auch für Alltagsgeräte möglich machen wird [29]. Dabei wird jedes dieser Geräte eine eigene IP-Adresse benötigen. Hier wird erst das gegenwärtig diskutierte IP V.6 (IP next generation, IPng) Abhilfe schaffen.
- Internet-Nutzer verwenden überwiegend die leichter zu merkenden Domainnamen anstatt der IP-Adressen. Dadurch ist der Betrieb von E-Commerce im Internet vom **Funktionieren des DNS** abhängig, da das Routing auf IP-Adressen basiert. Sollte das DNS einmal nicht korrekt arbeiten[30], werden nur noch numerische IP-Adressen als gültig erkannt, jedoch keine Domain-Namen. Die IP-Adressen der Gegenseite sind den Electronic Commerce-Teilnehmern jedoch meist nicht bekannt.
- Die Domain ist der Name eines Unternehmens im Internet. Es ist deshalb wichtig, einen **eigenen Domainnamen** zu registrieren. Nicht geeignet sind Subdomains bei Serviceanbietern, etwa xyz-versand.provider.de, da die übergeordnete Adresse provider.de dem Serviceanbieter gehört. Ist der Name xyz-versand am Markt eingeführt, so würde ein Providerwechsel hohe Marketingkosten nach sich ziehen; das Unternehmen wäre abhängig vom Provider.

---

[29] z.B. Waschmaschinen, die vom Energieversorger zum Spitzenlastausgleich ferngeschaltet werden, Warenautomaten, die ihren Füllstand an die Zentrale melden, einzeln schaltbare Straßenlaternen etc.

[30] 1997 fiel aufgrund des Versandes einer falschen Aktualisierungsdatei durch InterNIC das DNS-System einen Tag lang komplett aus, da nach kurzer Zeit alle Domain Name Server ihre Datenbanken auf den neuen (falschen) Stand abgeglichen hatten.

- Die verwendete Topleveldomain läßt weder Rückschlüsse auf den Sitz des Betreiberunternehmens noch den Standort des Servers zu[31]. Insbesondere läßt sich daraus nicht ableiten, welches nationale Recht für die auszuführende Transaktion gilt.
- Der Inhaber eines Domainnamens ist nicht gezwungen, sich an die Empfehlung für die Verwendung zu halten. Ein Sportverein kann eine .com-Adresse verwenden, ein Versandhaus eine Adresse vom Typ .net [32]. Die Art oder der Umfang der dort abgewickelten geschäftlichen Aktivitäten läßt sich aus der Adresse nicht ableiten.

## 3.3 Ports

Ports sind Softwareadressen, über die die einzelnen Internetdienste (E-Mail, WWW etc.) angesprochen werden können. Eine Portnummer bildet gemeinsam mit der IP-Adresse des Hosts einen vollständig definierten Kommunikationsendpunkt. Dabei kann der Server analog zu einer Telefonanlage-Anlage, die IP-Adresse analog zur Ortsvorwahl im Fernsprechnetz und die Portnummer analog zur Telefondurchwahl betrachtet werden [33].

Die Portnummer besteht aus einer 16-Bit-Zahl und ist frei definierbar, für häufig verwendete Dienste hat die IANA[34] allerdings 1024 „well-known" Ports definiert. Damit soll es jedem Internetclient möglich gemacht werden, auch ihm unbekannte Server anzusprechen. Tabelle 7 zeigt einige der bekanntesten Portnummern:

[31] Bei *amerikanischen* Markenartiklern ist z.B. die neue *turkmenische* TLD .tm (™) als Endung für Webadressen beliebt.

[32] Dies ist einer der Hauptgründe, warum der Umfang der kommerziellen Internetaktivitäten (s. Kap. 2.6.1) nicht genau bestimmbar ist, selbst wenn die Zahl der existierenden Domains bekannt ist.

[33] vgl. Scheller (1994)

[34] IANA= Internet Assigned Numbers Authority

**Tabelle 7: Einige „well known" Portnummern**

| Dienst | Nummer | Beschreibung |
| --- | --- | --- |
| WWW-HTTP | 80/tcp | World Wide Web |
| – | 35/tcp | Any private Printer Server |
| SMTP | 25/tcp | E-Mail |
| telnet | 23/tcp | Telnet (Fernzugriff) |
| ftp-data | 20/tcp | Datenkanal für Dateiübertragung per FTP |
| ftp | 21/tcp | Kontrollkanal für Dateiübertragung per FTP |
| finger | 79/tcp | Informationen über den Server |
| nntp | 119/tcp | Internet-Newsgroups |
| https | 443/tcp | Secure HTTP (verschlüsseltes HTTP) |

Multitaskingfähige Betriebssysteme gestatten es, multiple Prozesse mit jeweils mehren Ports gleichzeitig zu betreiben. Dies sorgt für eine gute **Skalierbarkeit** von Electronic Commerce-Anwendungen im TCP/IP. Dies ist wichtig, wenn im btc-Bereich viele Käufer gleichzeitig auf das Angebot zugreifen.

Die Existenz von vielfältigen, teils wenig bekannten Ports birgt dagegen das **Sicherheitsrisiko**, daß im Rahmen der (Standard)konfiguration von Servern solche Ports als „offen" konfiguriert bleiben, die für den elektronischen Handel nicht benötigt werden (z.B. telnet oder ftp). Diese können von dann u.U. von außen für Angriffe auf den Server benutzt werden.

## 3.4 Internet Protocol (IP)

### 3.4.1 Bedeutung

Hier soll zunächst auf das wichtigste Protokoll der TCP/IP-Familie, das Internet Protocol (IP) eingegangen werden, da es die Basis aller anderen Protokolle ist. Es stellt den übergeordneten Protokollen folgende Dienste bereit [35]:

- Adressierung der Netzknoten
- Fragmentierung und Reassemblierung der Datenpakete
- Spezifikation höherer Protokolle (Protokoll-Feld, s. Tabelle 8)
- Wahl der Übertragungsparameter sowie
- Vorrangsteuerung (Prioritäten).

**Es überträgt die Daten paketorientiert, verbindungslos, unverschlüsselt und nicht garantiert.** Damit stellt es den übergeordneten Protokollen (s. Kap. 3.6 ff.) einen ungesicherten Diernst zur Verfügung.

### 3.4.2 Paketorientierung

Alle Daten werden in Pakete zerlegt, die unabhängig voneinander transportiert und im Zielrechner wieder zusammengesetzt werden. Ihre Maximallänge beträgt 64 kByte. Tabelle 8 zeigt den Aufbau eines IP-Paketes. Die Länge eines Feldes entspricht seiner Länge in Bit entsprechend der Skala in der ersten Zeile.

Die Paketstrukturen der Protokolle sind zum Verständnis des Kapitels „Sicherheit" wichtig (s. Kap. 5) und sollen deshalb bei den wichtigsten Protokollen skizziert werden [36].

[35] vgl. RFC 791

[36] z.B. ist es möglich, mit ensprechender Software Datenpakete zu erzeugen, die dem Server korrekt erscheinen, angenommen werden, die jedoch unerwünschte Effekte erzeugen. Dabei werden u.a. gewisse Schwächen in der Protokollarchitektur oder Implementierungsfehler der Serversoftware ausgenutzt.

**Tabelle 8: Struktur eines IP-Paketes** [37] [38]

| Bit 4 | 8 | 16 | 19 | 31 |
|---|---|---|---|---|
| Version<br>IP4 oder IP6 | Headerlänge | Service-Typ<br>low-delay, high-reliability oder high-throughput | Gesamtlänge des Paketes<br>566 bis 65535 Bytes | |
| Identifikation<br>Nummer des Paketes im Original-Datenstrom | | | Flags<br>Steuerung der Fragmentierung | Fragment- Offset<br>Position der Fragmente innerhalb des Original-Paketes |
| Time to Live (TTL)<br>Lebensdauer (Zahl der maximal zu passierenden Knoten, bevor das Paker verworfen wird) | | Protokoll<br>Nennung des übergeordneten Protokolls der 4. Schicht: | Header-Prüfsumme<br>Checksumme zur Überprüfung der korrekten Paketzerlegung. Wird beim Passieren eines Netzknotens geändert (z.B. TTL minus 1) | |
| Sende-Adresse (32 Bit Länge, s. Kap. 3.1) | | | | |
| Empfangs-Adresse (32 Bit Länge, s. Kap. s. Kap. 3.1) | | | | |
| IP-Optionen<br>Optionale Angaben über Statistik und Diagnose, max. 40 Octets (8bittige Bytes) | | | | |
| Nutzdaten | | | | |
| ... | | | | |
| ... | | | | |
| ... | | | | |

Das IP erzeugt für jedes Datenpaket einen Header, der bei der Reise dieses Paketes als Briefumschlag zur Addressierung des Ziels und Angabe der Antwortdestination dient.

Ein Paket kann jedoch bei der Passage durch ein Netzwerk weiter **fragmentiert** werden, wenn dieses eine andere Paketlänge als das sendende Netz erfordert[39]. In diesem Fall werden die Nutzdaten des ankommenden Paketes vom Netzknoten in Pakete der passenden Länge geteilt, die Felder „Flags", „Fragment-Offset", „TTL" und „Header-Prüfsumme" neu berechnet und der neue Header an den Beginn jedes Paketes kopiert. Nach der Durchleitung werden alle Paketfragmente, die die gleichen Werte für „Identifikation" „Sende-/Empfangsadresse" und „Protokoll" enthalten, reassembliert und der Header wiederum neu berechnet.

[37] vgl. Kyas (1996), S. 60

[38] vgl. RFC 791

[39] z.B. bei Ethernet maximal 1500 Bytes.

### 3.4.3 IP-Eigenschaften im Detail

#### Verbindungslosigkeit

Mit „verbindungslos" wird die Eigenschaft bezeichnet, daß jedes Paket unabhängig von allen anderen transportiert wird. Die Übertragung ist nicht abhängig von einer einzigen, funktionierenden Leitung zwischen Sender und Empfänger. Es kann jede mögliche Kombination von Netzstrecken genutzt werden, die Sender und Empfänger verbindet. Die Pakete müssen auch nicht alle den gleichen Weg zurückliegen.

#### Nicht garantiert

Das IP beinhaltet keinen Mechanismus für die wiederholte Sendung fehlerhafter Pakete. Das IP stellt den Protokollen der höheren Schichten lediglich einen ungesicherten Dienst zur Verfügung. Die Fehlerfreiheit der Übertragung wird in der Transportschicht (ISO/OSI) bzw. der Host-to-Host-Schicht (DoD) vom TCP sichergestellt (s. Kap. 3.6).

#### Unverschlüsselt

Das IP überträgt alle Daten unverschlüsselt. Sollen Maßnahmen zur Realisierung der fünf Sicherheitsfunktionen (s. Kap. 5) stattfinden, so muß dies auf einer höheren Protokollschicht erfolgen. Der Robustheit des IP gegenüber Teilnetzausfällen und seiner Offenheit stehen einige Nachteile gegenüber:

- **Geringe Effizienz:** Die Vorgänge der Paketzerlegung, Headererzeugung, Weiterleitung, Neuberechnung von Headern und Reassemblierung beansprucht Rechenkapazität im Client, in jedem der zu durchlaufenden Nezknoten und im Server.
- **Unsicherheit:** Das IP wurde in der gültigen Fassung im Jahre 1981 als Ergebnis der Forschungsarbeiten ab 1969 festgelegt. Dabei ging es zunächst um ein experimentelles Netzwerk, welches wenige Forschungseinrichtungen miteinander verband. Die wenigen Teilnehmer waren größtenteils bekannt und vertrauenswürdig. Dementsprechend sieht das IP **keinerlei Sicherheitsvorkehrungen**, etwa Authentifizierung von Benutzern oder Datenpaketen, Verschlüsselung oder Übertragungsgarantie vor. Mit dem Eintritt in die Phase der globalen Anwendung ist, besonders wenn es um die elektronische Abwicklung von Geschäften geht, die Sicherheit ein zentraler Aspekt geworden. Die Eigenschaften der TCP/IP-Protokollfamilie reichen nicht aus und müssen durch zusätzliche Maßnahmen realisiert werden.

## 3.5 TCP

Das Transmission Control Protocol kann zwischen Sender und Empfänger eine sichere Datenübertragung durchführen. Ein Dienst (Anwendung) des Senders reicht die IP-Pakete an das unter ihm liegende TCP weiter, welches die Daten segmentiert, mit TCP-Headern versieht und über das IP an das Empfänger-IP weiterreicht. Das Empfänger-

TCP prüft die Reihe der Sequenznummern auf Vollständigkeit und fordert fehlende oder defekte Pakete nach. Damit die Netzwerkperformance nicht übermäßig leidet, wird nur der Empfang jeden i-ten Paketes mit einem ACK (Acknowledgement, Bestätigung) quittiert. Somit ist TCP in der Lage, Daten gesichert zu übertragen. Zum Aufbau eines TCP/IP-Paketes siehe RFC 793.

Vorteilhaft bei diesem Konzept ist die Sicherung der Verbindung und die weitgehende Kompatibilität durch die Definition von „well known" Ports. Nachteilig ist hingegen die Beanspruchung von Paketpufferkapazität für jeden laufenden Prozeß. Bei einer hohen Zahl laufender Verbindungen verringert sich der für jeden Prozeß verfügbare Puffer, was zur Verweigerung der Annahme weiterer Verbindungen führen kann. Zudem gestattet TCP/IP keine Priorisierung oder Filterung von Paketanfragen, was bei sog. „Denial-of-Service" Angriffen auf Internetserver ausgenutzt wird (s. Ressourcensicherheit, Kap. 5.6).

## 3.6 Weitere Protokolle

### UDP

Das User Datagram Protocol ist dem IP eng verwandt. Im Unterschied zu diesem hat es jedoch die Fähigkeit, Datenpakete direkt an die Anwendungsschicht weiterzuleiten und verschiedene Portnummern gleichzeitig zu bedienen. Da es die Daten ungesichert überträgt, ist die Performance besser als die von TCP (die ACK-Bestätigungen entfallen)[40]. Die Unsicherheit der Übertragung bedeutet jedoch auch, daß es nur in Umgebungen eingesetzt werden kann, bei denen Teilnetzsausfälle selten auftreten (z.B. LAN).

### ICMP

Das Internet Control Message Protocol hat die Aufgabe, Fehler an den Absender von Datenpaketen zu melden. Es ist ein Teil von IP, kann also nicht davon getrennt werden. ICMP-Pakete bilden mit ihrem eigenen Header die Nutzlast von IP-Paketen, ihr eigener Header schließt sich direkt an den regulären IP-Header an [41].

### ARP/RARP

Das Address Resolution Protocol setzt die Adressen der TCP/IP-Familie in die physikalische Netwerkadressen der im Netzwerk vorhandenen Clients an. Die physikalische Adresse ist in der Netzwerkkarte jeden Clients gespeichert [42].

---

[40] vgl. RFC 768

[41] vgl. RFC 792

[42] vgl. RFC 826

Mit dem *Reverse* Address Resolution Protocol werden IP-Adressen von einem RARP-Server angefordert, wenn ein Client mit bekannter physikalischer Adresse, aber ohne IP-Adresse eine TCP/IP-Verbindung aufbauen will. Der RARP-Server beantwortet die Anfrage mit einer IP-Adresse aus seiner Referenztabelle[43].

[43] vgl. RFC 903

# 4 Relevante Internetdienste

## 4.1 E-Mail

### 4.1.1 Bedeutung und Eigenschaften

Electronic Mail ist neben dem WWW der am häufigsten verwendete Internet-Dienst. Der Dienst besteht aus zwei Protokollen, dem SMTP für die Übertragung von E-Mail an Zwischenstationen bzw. den Zielrechner und dem Post Office Protocol POP für die Abholung von E-Mail aus dem persönlichen Postfach.

Ursprünglich waren ausschließlich Textnachrichten im ASCII Format möglich. Moderne Clients unterstützen jedoch **Erweiterungen**, die Electronic Mail zu einem ähnlich vielseitigen Dienst wie das WWW machen. Viele Netze enthalten Gateways, über die Netzbenutzer E-Mail verschicken können, ohne Internetzugang zu haben. Die Beschränkung auf diesen Dienst ist besonders in Unternehmen anzutreffen, da der vollwertige WWW-Zugang oft nicht benötigt und auch nicht erwünscht ist.

Die **Adressierung** erfolgt abhängig vom Netz des Empfängers. Die **Internetschreibweise** einer Mail lautet <user>@<host>, wobei <host> der Name des Mail-Servers des Empfänger ist. Er kann als IP-Adresse oder Domainname angegeben werden[44]. Die Mailadresse in proprietären Netzen kann eine andere Struktur haben, so z.B. beim Online-Dienst Compuserve: <Compuserve-Nr>@compuserve.com Der sendende Mailserver spricht in diesem Fall ein Gateway an, welches Internetmail in das Compuserve-spezifische E-Mail-Format umwandelt und umgekehrt. Dem Namen des Mailservers kann ein logischer „Postleitzahlbereich" vorangestellt werden, um eingehende Mails effizient zu verteilen. Solche Adressen haben die Struktur <user>@<postleitkürzel.provider.de>.

Bild 3 zeigt die Bestandteile einer E-Mail:

---

[44] So kann die Adresse des Autors als tobstuke@darmstadt.netsurf.de oder tobstuke@194.64.181.2 geschrieben werden.

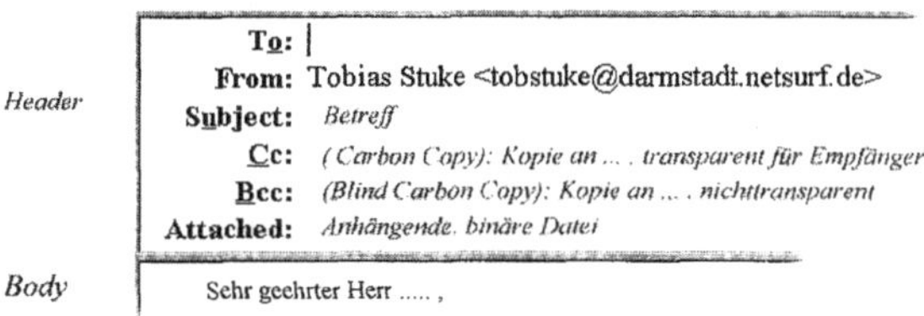


**Bild 3: Bestandteile einer E-Mail**[45]

Die Headerfelder sowie der „Body"-Text können von E-Mail Clients automatisch ausgewertet werden und entsprechend den konfigurierten Eigenschaften weiterverarbeitet werden.

### 4.1.2 SMTP

Das Simple Mail Transport Protocol definiert den **Versand** von E-Mail. Es verwendet zur Übertragung TCP unter Port 25. Das Datenformat ist 7-Bit ASCII, d.h. der Zeichensatz ist auf 128 Zeichen beschränkt.

Die Nachricht wird vom Sender an den nächstgelegenen Mailserver auf dem Weg zum Empfänger geschickt. An jedem SMTP-Server werden die eingehenden Mails gesammelt (und somit verzögert: „Spooling") sowie gebündelt an den nächstgelegenen Server auf dem Weg zum Empfänger übermittelt. Am Zielrechner wird sie auf dem Mailserver des Adressaten gespeichert. Eine gesonderte Benachrichtigung des Senders über die korrekte Ablieferung erfolgt nicht. SMTP bietet für Clients, die temporär im Internet sind, keine Authentifizierung an. Deshalb wird in diesen Fällen das POP (s. nächstes Kapitel) für die Abholung verwendet.

Zur Übertragung stellt der Sender eine Mail-Anfrage an den Empfänger-Server und wartet auf die Antwort 'service-ready' oder 'service not available'. Bei Erfolg meldet er sich mit 'helo', identifiziert sich mit seiner Adresse und beginnt die Übertragung. Dabei kommunizieren Sender und Empfänger über Zahlencodes (z.B. 220 Service Ready, 250 ok).

### 4.1.3 Post Office Protocol (POP)

Auf einem SMTP-Server müssen ständig Prozesse laufen, die auf eingehende Mail warten. Dies beansprucht die Ressourcen „Rechenzeit" und „Verbindungszeit". Sollen diese beiden Ressourcen geschont werden, dann kann das POP (aktuelle Version 3) zur Auslieferung verwendet werden. Es ist dann nicht möglich, elektronische Post an andere

[45] Hier ein Ausschnitt aus „Eudora light"

Netzknoten zu verschicken, da POP3 nur die Auslieferung von Mail an den adressierten Client beherrscht. Ein POP3 Server hört den TCP Port 110 ab, der vom POP3 Client angesprochen werden kann.

Bei einer Anfrage eines Client signalisiert der Server seine Bereitschaft und der Client sendet die Authentifizierungsdaten <USER> und <PASSWORD>. Daraufhin schließt der Server die Verbindung und wartet auf die nächste Anfrage eines POP3 Clients. Da diese Daten **unverschlüsselt** übermittelt werden, sieht das Protokoll wahlweise das APOP Kommando anstatt USER und PASS vor. Dabei stellt der Server seiner Bereitschaftsmeldung einen Textstring bei, der aus einer laufenden Zeitangabe und dem Namen des Server besteht. Der Client übernimmt diesen String, hängt ein gemeinsames, geheimes Paßwort an, verschlüsselt den erweiterten String mit dem MD5-Algorithmus und schickt ihn an den Server. Dieser berechnet das zu erwartende Ergebnis und vergleicht es mit dem vom Client erhaltenen String. Stimmen beide Werte überein, so händigt der Server dem Client die Mail aus.

Die **Nachrichtenübermittlung geschieht ebenfalls im Klartext**. Soll die Übertragung sicher sein (s. Kap. 5.1), so müssen sendender und empfangender Client mit Funktionalität ausgestattet werden, die über das allgemein gültige POP3 Protokoll hinausgehen.

Die Notwendigkeit proprietärer Zusatzfunktionalität ist eines der Haupthindernisse bei der Verbreitung von Electronic Commerce. Soll jeder Client mit jedem Server kommunizieren können, sind jedoch Standards unabdingbar. Die bisher besprochenen RFCs konnten von der IANA weitgehend ohne kommerzielle Interessen ausgehandelt und dann verbindlich festgesetzt werden konnten. Die zunehmende Kommerzialisierung des Internet hat die Interessenlage der beteiligten Hersteller und Regierungsvertreter verändert und Standardisierungsprozesse schwieriger gemacht. Zudem führen Hersteller proprietäre Standards im Markt ein, um durch Marktmacht Fakten in ihrem Sinne zu schaffen. Regierungen vertreten ebenfalls verstärkt ihre Interessen, insbesondere was Kryptographie angeht. Die politischen Aspekte von EC sollen jedoch nicht Thema dieser Arbeit sein.

### 4.1.4 Dateitypenerweiterung

Nach dem SMTP sind für E-Mails nur 7-Bit-codierte ASCII-Zeichen zulässig. Es ist mit einem Codierprogramm wie „uuencode“ oder „uudecode“ möglich, Binärdateien in 7-Bit ASCII zu codieren und im Textkörper zu verschicken. Der Empfänger decodiert dann den Text mit dem passenden Programm. Sollte die codierte Binärdatei größer als 64 kB sein, so müssen die Daten auf mehrere Mails verteilt werden, da manche Mailserver nur eine maximale Größe von 64kB erlauben[46]. Da dieses Verfahren umständlich und rechenintensiv ist, wurde 1991-1993 der MIME-Standard

[46] vgl. Alpar (1996), S. 5[illegible]

verabschiedet. Die Vielseitigkeit des Standards wird deutlich anhand der Dateitypendefinition in Tabelle 9.

**Tabelle 9: IANA-Medientypen (Content-types)** [47]

| Typ | Bedeutung |
|---|---|
| text (plain, rich) | unformatiert, formatiert |
| multipart (mixed/parallel) | Mehrere Teile, sequentielle/parallele Bearbeitung |
| message-content | Internet-Mail (RFC822) |
| partial | eines von mehreren Teilen einer Internet-Mail |
| digest | Zusammengefaßte Mails in einem Body |
| External-body | Zeiger auf Datei außerhalb des Body |
| image | Bild (jpg oder gif) |
| audio | Ton |
| video | MPEG Videodaten |
| application | Binärdatei vom Typ „octet-stream" zur Ausgabe in eine Datei |

### 4.1.5 Bewertung

E-Mail hat bei Personalmanagern in den USA erstmals das Telefon als wichtigstes Kommunikationsmedium abgelöst [48]. Dies ist ein Indikator für die zunehmende Bedeutung der E-Mail Kommunikation Zum Verständnis darüber, wie E-Mail bei der Abwicklung von Electronic Commerce eingesetzt werden kann, sollen an dieser Stelle die Vor- und Nachteile ausgeführt werden. Vorteilhaft sind

- **Effizienz:** Das Fehlen direkter Interaktionsmöglichkeit (im Gegensatz zu telefonischem Kontakt) zwingt zu prägnanter Formulierung. Bei der Bearbeitung von Geschäftsvorfällen am Computer ist kein Medienbruch nötig. Der Empfänger kann die Nachricht dann bearbeiten, wann es für ihn zeitlich am günstigsten ist
- **Vielseitigkeit:** Es können Textnachrichten, Bilder, Programmdateien, WWW-Seiten, Präsentationen, Videos und gesprochene Botschaften verschickt werden. Somit kann Electronic Mail im EC als Versandmedium für gekaufte Information verwendet werden
- **Automatisierte Auswertung:** E-Mails können nach frei konfigurierbaren Kriterien automatisch weitergeleitet, gelöscht, verarbeitet und beantwortet werden. Dies trägt wesentlich zur Verringerung der Auftragskosten bei Bestellungen bei.

[47] vgl. RFC 1522

[48] vgl. EYP (1998)

- **Keine Kapazitätsengpässe bei der Annahme von Nachrichten:** Da die Annahme nur die Leistung des Mailservers und der Internetanbindung begrenzt ist, ist die Zustellung unabhängig von der persönlichen Verfügbarkeit des Empfängers. Ein Verkäufer kann somit 24x7 Stunden ohne Mehrschichtbetrieb des Personals Bestellungen annehmen.
- **Schnelligkeit:** Eine Mail ist meist schon wenige Sekunden nach dem Versand in der Mailbox des Adressaten angekommen, unabhängig vom Ort des Senders oder Adressaten.
- **Kosten:** Eine Mail wird als Strom von TCP-Paketen gemeinsam mit vielen anderen Paketen über dieselbe Telekommunikationsleitung geschickt. Deshalb sind die Kosten vernachlässigbar gering.
- **Verwaltung:** Es sind schnelle Archivierung, Sortierung, Stichwortsuche, Antwort und Sicherheitskopien möglich
- **Mittelbare Interaktion:** Durch HTML-Mails ist der Versand von Formularen möglich, die ausgefüllt zurückgesendet werden können
- **Multicastfähigkeit:** Eine Mail kann an eine Gruppe von Empfängern gleichzeitig gesendet werden.

Diesen Vorteilen stehen jedoch auch einige **Nachteile** gegenüber:

- **Unsicherheit:** Da SMTP unverschlüsselt überträgt, kann eine E-Mail mit einer Postkarte verglichen werden, die jeder Betreiber eines Netzknotens lesen kann. Vertraulichkeit sowie Nachweis von Authentizität, Originalität und Integrität müssen über bisher nicht standardisierte Funktionen des E-Mail Clients realisiert werden.
- **Keine Authentifizierung und Priorisierung:** Problematisch bei SMTP ist weiterhin, daß jeder Server, sofern er protokollgemäß implementiert ist, alle Mails von jedem anderen Server entgegennehmen, weiterleiten und ggf. vervielfältigen muß [49].
- **Unerwünschte Mail**: Der geringe Aufwand für Erstellung und Versand verführt zu unerwünschter Kommunikation, z.B. in Form von Werbemails („Spam"). Sobald ein Unternehmen die Mitarbeiter mit E-Mail-Postfächern ausstattet, läuft es Gefahr, daß Arbeitszeit für das Lesen und Ausfiltern von unerwünschten Nachrichten verwendet wird. Eine Studie beziffert den Schaden durch Spam allein für Großbritannien auf ca. 15 Mrd. DM. 75% von 801 befragten Angestellten gaben an, unerwünschte Werbe-Mail zu erhalten. 75% wendeten täglich bis zu 15 Minuten für Spam auf, 15% bis zu einer Stunde[50].

---

[49] Näheres dazu im Kapitel „Sicherheit", S. 46

[50] Der Zeitverlust könnte verringert werden durch Filtern (angewendet von 6% der Befragten) oder Löschung, ohne die Nachricht zu lesen (33% der Befragten tun dies).

- **Nur mittelbare Interaktion:** Unklarheiten in der übermittelten Nachricht können nicht unmittelbar im persönlichen Kontakt geklärt werden. Für die schnelle Klärung komplexer Sachverhalte (z.B. als Ersatz für persönliche Beratung vor einem Kauf) eignet sich E-Mail deshalb nicht.
- **Keine Zustellungsbestätigung:** Der *Sender* erhält weder die Zustellung noch die Kenntnisnahme einer Nachricht bestätigt. Sollte z.B. eine Adresse beim zuständigen Host nicht bekannt sein, so hängt es von Typ und Konfiguration des verwendeten SMTP-Servers ab, ob und wie dies dem Sender gemeldet wird. Sollte keine Antwort eintreffen, muß der Sender selbst Annahmen treffen, ob die Mail verlorenging oder vom Empfänger ignoriert wurde.

  Ebenso erhält der *Adressat* keine unmittelbare Benachrichtigung, sofern dessen Client nicht Teil eines Netzwerkes ist, in dem ständig Verbindung zu einem POP3- oder SMTP-Server besteht. Diese Situation ist insbesondere bei Privatanwendern (im btc-E-Commerce) anzutreffen. Die Schnelligkeit des Mediums wird dann durch lange Intervalle der Mailbox-Leerung durch den Adressaten zunichte gemacht.
- **Flüchtiges Medium:** Im Gegensatz zu papiergebundenen Medien liegen E-Mail-Nachrichten zunächst in elektronischer, d.h. flüchtiger Form vor. Damit sind sie dem Risiko versdehentlicher Löschung ausgesetzt [51]. Sofern der Benutzer E-Mails durch ausdrucken wieder in den herkömmlichen Papierkreislauf einschleust, geht der Vorteil der Medienintegration wieder verloren.
- **Inkompatible Standards:** Das SMTP stellt den Mindeststandard für den Versand von E-Mail dar. Softwarehersteller haben jedoch spezielle Features zu Client und Server hinzugefügt, die nicht auf allen anderen Clients verfügbar sind. Folglich treten Inkompatibilitäten auf [52].

## 4.2 World Wide Web

### 4.2.1 Charakter

In den 80er Jahren wurde am Europäischen Kernforschungszentrum CERN eine Möglichkeit gesucht, um auf verteilte Dokumente zuzugreifen. 1989 wurde das System für den Interneteinsatz vorgeschlagen und von seinen Erfindern, Tim Berners-Lee und Robert Cailliau 1990 in die Konzeptphase gebracht. Sie veröffentlichten die Spezifikationen für die beiden Hauptbestandteile des Projektes „Word Wide Web" (WWW):

[51] deshalb empfiehlt sich die Sicherung auf mindestens 3 unabhängige Datenträger, jeweils als Voll- und Inkrementelles Backup. Zudem muß bei EC dem Charakter von E-Mail als Geschäftsbrief Rechnung getragen werden, an deren Archivierung vom Handelsgesetzbuch hohe Ansprüche gestellt werden.

[52] Kann der Client eines Adressaten keine Mail im HTML-Standard interpretieren, so erscheint das Wort „Grüße" als „Grüße"

- HTTP (Hyper Text Transfer Protocol, s. Kap. 4.2.2) und
- HTML (Hyper Text Markup Language, s. Kap. 4.2.3).

Im Jahre 1991 wurden erstmals HTML-Dokumente auf CERN-Rechnern gespeichert und noch im selben Jahr der erste WWW-Client („Browser“) geschrieben. Der Lynx-Browser konnte ausschließlich ASCII-Text darstellen, die Navigation fand mittels Steuertasten statt.

1993 programmierte der Student Marc Andreesen[53] den NCSA-MOSAIC Browser für die graphische Benutzeroberfläche „X-Windows“. Er konnte erstmals HTML mit integrierten Grafiken darstellen. Zusätzlich war die Steuerung mit der Maus möglich. Seitdem hat sich die Zahl der WWW-Server weltweit von 3000 (Juni 1994) auf ca. 2.215.000 erhöht (April 1998, s. Kap. 2.6.1), womit das WWW heute gemeinsam mit E-Mail der wichtigste Internetdienst ist.

### 4.2.2 Hyper Text Transfer Protocol

HTTP ist ein Protokoll, welches die Interaktion zwischen Server und Client beim Zugriff auf verteilte Hypermedia-Systeme regelt[54]. Dazu befinden sich auf dem HTTP-Server Hypertext-Dateien, die vom Client angefordert werden. Sie sind in beliebiger Weise verknüpft und bilden eine Netzstruktur (World Wide **Web**). Die Realisierung der Verknüpfungen erfolgt über „**Hyperlinks** (Verweise auf ein anderes Dokument).

#### Adreßschema

Die Position jedes dieser Dokumente ist durch den **Uniform Resource Locator (URL)** eindeutig bezeichnet. Er hat die folgende Syntax:

"http:" "//" host [ ":" port ] [ pfad]

Dabei bezeichnet „host‘ die Adresse des Servers, auf dem sich das Dokument befindet. Sie kann als Domainname oder IP-Adresse angegeben werden. „port“ bezeichnet den IP-Port (s. Tabelle 7) als genauen Kommunikationsendpunkt der Anfrage. Fehlt die Portangabe, wird der TCP Port 80, der Standardport für http-Requests, angenommen. Der Pfad schließlich kennzeichnet die Lage des Dokumentes in der Verzeichnisstruktur des Server.

So kennzeichnet der URL

http://www.milliCent.digital.com/buy/index.html

dasjenige WWW-Hypertextdokument („http://www“), welches sich auf dem Hostrechner „milliCent.digital.com“ im Unterverzeichnis „/buy“ befindet. Das

---

[53] später Gründer des Unternehmens „Netscape Communications“

[54] Der Einfachheit wegen soll hier zunächst nur von Hypertext die Rede sein.

Dokument besteht aus der HTML-Datei „index.html". Der URL kann neben HTTP auch andere Internetdienste ansprechen:

| Ersatz für http:// | angesprochener Dienst |
|---|---|
| mailto: | E-Mail |
| ftp:// | File Transfer Protocol |
| news: | Newsgruppen[55] |
| file:// | Datei auf dem lokalen Rechner |

HTTP setzt im Internet immer auf TCP/IP auf, die ist jedoch nicht notwendig. Jedes Transportprotokoll, welches Daten gesichert überträgt, kann von http benutzt werden.

#### Ablauf der Kommunikation

Der Datenaustausch mittels HTTP wird im folgenden genauer beschrieben, da es die Grundlage der Clinet-Server-Kommunikation bei internetgestütztem Electronic Commerce ist. Insbesondere kann daran anschaulich demonstriert werden, wie HTTP dem WWW die Fähigkeit verleiht, verschiedene Dienste und verschiedene Medien zu integrieren.

Dem HTTP liegt ein Anforderungs-Antwort-Paradigma zugrunde: Der WWW-Client fordert durch einen http-Request eine Hypertext-Datei an. Ein http-Request besteht wie jede andere Internet-Nachricht auch aus Header-Feldern und einem optionalen Body, der ausschließlich aus Zeilen im ASCII-Format besteht. Als Antwort auf den http-Request bekommt der WWW-Client das Hypermedia-Dokument vom Server zugesendet (http-response). Ein http-Response ist ähnlich einem Request aufgebaut[56].

Ein Request/Response kann sich auf jeden standardgerechten URL beziehen, der wiederum alle Internetdienste ansprechen kann. **HTTP ist dadurch in der Lage, alle Internetdienste und alle Medientypen anzusprechen**. Dadurch führt das WWW alle Internetdienste und Medien zusammen. Über den Medientyp „X-„ sind sogar Medientypen ansprechbar, die nicht dem IANA-Standard entsprechen. Einzige Bedingung ist in diesem Fall die Befähigung des Client, solche Dateien anzuzeigen.

### 4.2.3 Hyper Media

Bisher war von „Hypertext"-Dateien die Rede. Das verteilte System, welches durch HTTP angesprochen wird, kann jedoch nicht nur Textdokumente aufnehmen.

---

[55] elektronische „schwarze Bretter"

[56] Zur Struktur von Request- und Response-Header vgl. RFC 822, S. 5

Zur Erkennung verschiedener Dateitypen benutzen WWW-Server das MIME-Protokoll (vgl. Kap. 4.1.4). Fordert ein WWW-Client eine Datei an, so greift der Server auf seine Datei mime.types zurück, in der alle MIME-Dateitypen/Subtypen und die dazugehörigen Dateiendungen für diesen Server abgelegt sind. Der Server übermittelt die Endung an den Client, der dann aufgrund seiner Konfigurationseinstellungen entscheidet, wie mit der Datei umzugehen ist. Bild 4 zeigt die Einstellungen einer Installation des „Netscape Navigator 4.05“.

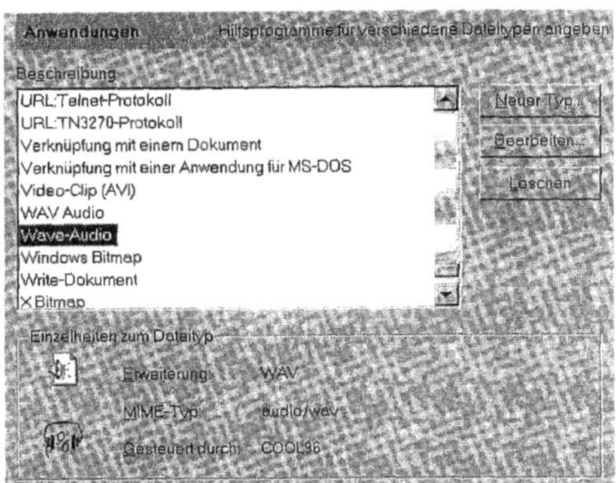


**Bild 4: Konfiguration der Dateitypbehandlung im Browser**

Im Bild ist der Typ „wave audio“ (Endung .wav) ausgewählt. Der Browser ist hier so konfiguriert, daß für die Wiedergabe von Dateien dieses Typs die Anwendung „Cool96“[57] zuständig ist. In der Liste sind weitere Dateitypen erkennbar. Durch die Ausstattung mit Wiedergabemodulen für beliebige, auch wenig verbreitete Dateitypen eignen sich WWW-Browser als Anzeigeprogramm für alle digitalen Medientypen[58].

Um Sicherheitsrisiken durch das lokale Öffnen von Dateien zu minimieren, können Clients so konfiguriert werden, daß je nach Medientyp verschiedene Aktionen ausgeführt werden. Bild 5 zeigt die Einstellungen für den Dateityp .class (Java-Applets, s. Kap. 4.3.3) beim Netscape Navigator 4.05. Er ist durch einen eigenen Java-Interpreter in der Lage, diesen Dateityp selbst zu steuern (Im Feld „Anwendungen“ ist er selbst aufgeführt).

---

[57] CoolEdit 96, ein Audio-Editor und -Abspieler.

[58] Bei Netscape, dem Hauptkonkurrenten von Microsoft, wurde sogar daran gedacht, den Browser langfristig so auszubauen, daß er als Betriebssystem verwendbar würde.

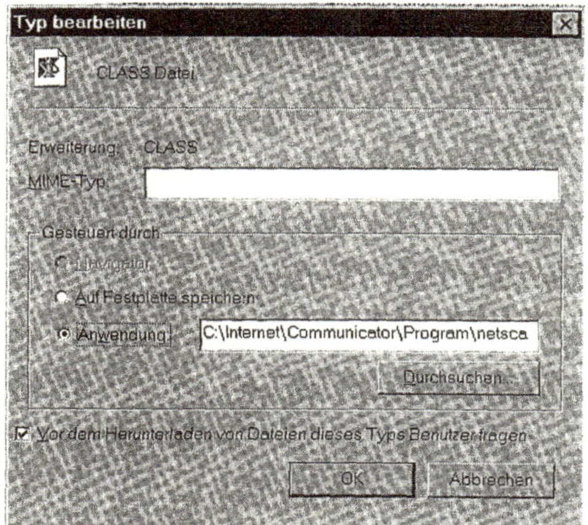


**Bild 5: Einstellungen zum Medientyp beim Netscape Navigator**

Die Steuerung der Wiedergabe geschieht auch, um Ladezeit und Netzlast zu verringern. Sind nur textuelle Informationen gewünscht, so können Grafiken ganz ausgeschaltet werden.

### Proxy

Im einfachsten Fall treten WWW-Client und -Server direkt in Verbindung. In vielen Fällen wird jedoch ein Proxy verwendet. Das ist ein Programm, welches zwischen einen Client bzw. ein Netzwerk geschaltet ist und sowohl als Server als auch als Client agieren kann[59]. Somit kann es http-requests stellvertretend für Clients entgegennehmen und die empfangenen Dateien zurückgeben. Ferner erfüllt ein Proxy Zusatzfunktionen wie

- das Überprüfen des Inhaltes der Anfrage und ggf. Verweigerung gesperrter Inhalte
- die Bedienung der Anfrage aus einem lokalen Zwischenspeicher (Cache), sofern das angeforderte Dokument von früheren Zugriffen her vorhanden ist. Dieses Verfah- ren ermöglicht kürzere Antwortzeiten und die Einsparung von Internetbandbreite
- die Überprüfung der http-response, die an einen innenliegenden Client gerichtet ist. So können eingehende Datenpakete auf sicherheitsrelevante Merkmale untersucht werden. In diesem Fall arbeitet der Proxy gleichzeitig als Firewall (s. Kap. [Firewall, Verfügbarkeit) und
- die Übersetzung von unterschiedlichen Protokollen zwischen Client und Server.

[59] vgl. RFC 2068, S. 5

Bild 6 zeigt die Möglichkeiten des Proxy-Einsatzes.

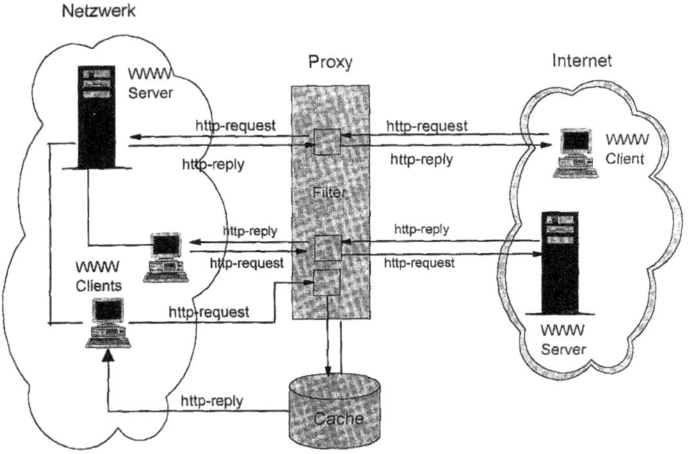

**Bild 6: Möglichkeiten des Proxy-Einsatzes**

Die Dateien, aus denen das WWW besteht, sind in der Seitenbeschreibungssprache **HTML** geschrieben. Jede HTML-Datei wird im Browser als Seite mit beliebiger Länge dargestellt. Die Datei besteht aus ASCII-Text mit der Dateiendung .htm oder .html, weshalb sich HTML-Seiten mit jedem Texteditor erstellen lassen.

Neben Text enthalten sie Formatierungsbefehle („Tags“), die vom WWW-Client je nach Hersteller und Konfiguration interpretiert werden. Deshalb gibt es mit HTML im Gegensatz zu graphisch orientierten Seitenbeschreibungsformaten (z.B. pdf [60]) keine Möglichkeit, das Aussehen einer Seite unabhängig vom verwendeten Client zu definieren.

### 4.2.4 Bewertung

Das WWW wies über die letzten vier Jahre ein durchschnittliches Wachstum von 560% auf (s. Tabelle 3). Dies ist auf die folgenden **Vorteile** des WWW zurückzuführen:

- Intuitive Bedienung durch Anklicken von hervorgehobenem Text oder Grafiken
- Verbreiteter Standard, d.h. hohe potentielle Nutzerzahlen und weite Verbreitung von Know-How

[60] Proprietäres Format des Softwareherstellers Adobe

- Integration, d.h. Dateitypen und Internetdienste sind ohne Medienbruch integriert und
- Interaktivität, d.h. Nutzer rufen nur die für sie nützlichen Informationen ab.

**Nachteilig** sind jedoch

- **Ineffizienz:** Jedes in eine HTML-Seite eingebettete Objekt wird einzeln abgerufen, d.h. der Anteil von HTTP-Headern am übertragenen Datenvolumen ist hoch. Das gilt besonders dann, wenn viele kleine Objekte mit einem Dokument verlinkt sind.
- **Aushöhlung des offiziellen Standards:** Beide großen Browserhersteller verfolgen strategische Ziele (s. Tabelle 2), die Produkte selbst stehen weniger im Vordergrund. Deshalb werden proprietäre HTML-Tags implementiert, deren Umsetzung auf WWW-Seiten zu Inkompatibilitäten mit anderen Browsern führt
- **Unzuverlässigkeit der Darstellung:** Da jeder Browser eine andere Interpretation von HTML-Tags liefert, ist das genaue Aussehen der WWW-Seite auf dem Bildschirm eines unbekannten Client nicht vorhersehbar. Dieses Problem gewinnt mit dem Aufkommen internettauglicher Geräte an Gewicht, die nicht mit einem der beiden marktführenden Browsern ausgestattet sind[61]. Von Ihnen unterstützen nicht alle die volle Funktionalität des offiziellen Standards HTML 4.0.

## 4.3 Erweiterte Funktionalität

Die WWW-Sprache HTML bietet auschließlich Funktionen zur Beschreibung von Hypertext-Dokumenten. Für viele Zwecke sind jedoch erweiterte Funktionen notwendig:

- Sicherheitsfunktionen (z.B. Authentifizierung)
- Mathematische Berechnungen
- Steuerung von Ton- und Videowiedergabe sowie
- Formulierung von Datenbankabfragen.

Zur Realisierung dieser Funktionen kann zusätzlicher Programmcode eingesetzt werden, der auf dem WWW-Server oder auf dem Client ausgeführt wird.

---

[61] Sowohl Netscape Navigator als auch MS Internet Explorer werden wegen ihres hohen Ressourcenbedarfs als „fat clients" bezeichnet. WWW-fähige Telefone, PDAs und TV-Settopboxen können diese Ressourcen nicht bereitstellen. Folglich befindet sich eine Vielzahl weiterer, angepaßter „thin clients" in der Entwicklung.

### 4.3.1 JavaScript

Java Script wurde von Netscape Communications unter der Bezeichnung „LiveScript" entwickelt und später aufgrund eines Lizenzabkommens mit Sun Microsystems[62] in JavaScript umbenannt. Sie ist

> „eine einfache Programmiersprache, die für den Einsatz im WWW konzipiert ist und die Möglichkeiten der statischen HTML erweitert".[63]

Der Quelltext ist in HTML-Dokumenten enthalten, sein Beginn ist durch den Tag <script language="JavaScript"> gekennzeichnet. Javascript-Code kann auch durch Hinzufügen des „src" (Source) Tag in separaten Dateien abgelegt werden. JavaScript bietet über HTML hinaus folgende Funktionen an:

- Operatoren
- Bedingte Anweisungen
- Schleifen
- Mathematische Funktionsdefinitionen und Funktionsaufrufe sowie
- Event-Handler (z.B. bei Überfahren eines Symbols mit der Maus eine Aktion auslösen, „onMouseover").

Javascript-Code kann daher verwendet werden für

- die Plausibilitätskontrolle von Formulareingaben
- die Darstellung lokaler Daten als HTML-Seite
- Mathematische Berechnungen (Verarbeitung von Formulareingaben) sowie die
- die Dynamische Darstellung von HTML-Seiteninhalten

Im Hinblick auf den im E-Commerce kritischen Punkt „Sicherheit" zeichnet sich JavaScript dadurch aus, daß es keine Zugriffsrechte auf Systemressourcen des Client hat. HTML-Seiten mit darin enthaltenem JavaScript können also keine Manipulationen am Client-Rechner durchführen.

### 4.3.2 CGI

Das Common Gateway Interface ist ein Standard für Gateway-Programme zwischen Webserver und Client. Sie dienen zum Aufruf von Programmcode auf einem WWW-Server und zur Parameterübergabe an das Programm. Die Aufrufmöglichkeit ist innerhalb von HTML realisiert, der Prozeß für den Nutzer des Client jedoch nicht transparent.

CGI-Gatewayprogramme haben die folgenden Aufgaben:

---

[62] Inhaber des Standards für die Programmiersprache „Java"

[63] vgl. Mintert (1996), S. 19

- Entgegennahme und Übermittlung von Parametern an ein auf dem Server laufendes Programm
- Übersetzung der Parameter in eine Form, die für das ausführende Programm verständlich ist (Formulierung einer SQL-Anfrage, direkte Übergabe von Daten an betriebliche Standardsoftware, Übersetzung zwischen verschiedenen Protokollen und
- Generierung einer HTML-Seite zur Ausgabe der Ergebnisse.

Bild 7 zeigt den Ablauf einer CGI-Abfrage, wie sie z.B. bei der Suche in Produktdatenbanken von virtuellen Geschäften ausgeführt wird.

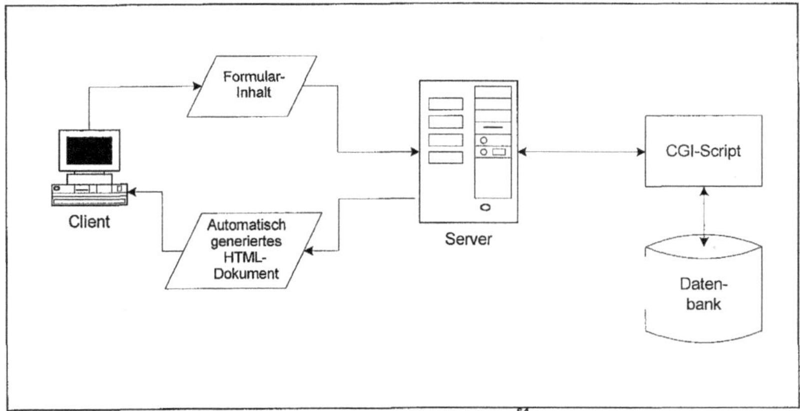


**Bild 7: CGI-Datenbankabfrage**[64]

1. Der Prozeß wird durch das Anklicken des Buttons „Produkte suchen" ausgelöst. Hinter dem Button steht ein HTML-Link, der auf ein CGI-Programm hinweist. Im folgenden Beispiel wird der Formular-Tag <form action> in Verbindung mit der Pfadangabe zum CGI-Script „p_prodsuch.cgi" dazu genutzt, um den Formularinhalt zum Server zu übertragen („Post").

   <FORM ACTION="/pc-sh_scripts/p_prodsuch.cgi" METHOD="POST">

2. Der Client überträgt die Zeichenkette aus dem Formular an den WWW-Server, der das Programm p_prodsuch.cgi startet und ihm die Zeichenkette übergibt.
3. Das CGI-Programm liest die Zeichenkette aus, extrahiert die Parameter und übersetzt sie in eine Datenbankabfrage
4. Es wandelt die Datenbankabfrage in ein Hypermedia-Dokument um und übergibt es dem Server
5. Der Server schickt das Dokument an den Browser, der es für den Nutzer darstellt.

[64] vgl. Stanek (1996), S. 432

CGI-Skripte können in jeder beliebigen Programmiersprache geschrieben werden, sofern der Server in der Lage ist, die Programmdatei auszuführen. Häufig verwendete Programmiersprachen sind Perl, C/C++, Visual Basic, Java Script und Visual Basic Script.

### 4.3.3 Applets

CGI-Scripte haben den Vorteil, daß der Nutzer von der Komplexität der ausgelösten Prozesse nichts bemerkt. Der Nachteil dabei ist die Belastung des Servers durch viele gleichzeitig laufende Prozesse (z.B. Käufer in einem virtuellen Einkaufszentrum). Mit der zunehmenden Verbreitung leistungsfähiger CPUs bei WWW-Clients bietet es sich deshalb an, Code auf dem Client ausführen zu lassen. Allerdings muß dazu das Programm auf den Clients installiert sein. Dies zieht jedoch Probleme nach sich, denn die lokalen Installationen können

- unterschiedlichen Versionsstand haben
- manipuliert werden
- beschädigt sein und
- nur dezentral aktualisiert werden.

Um sowohl den Vorteil einer dezentralen Codeausführung als auch die Vorteile zentral verwalteter Software zu nutzen, entstand das Konzept der „**Applets**". Sie gibt es als ActiveX-Control (Microsoft) oder Java-Applet (alle anderen Hersteller).

„**Java**" ist eine objektorientierte, plattformunabhängige Programmiersprache, deren Quellcode von dem verwendeten Java-Entwicklungssystem „Bytecode" kompiliert wird. Bytecode kann als lokal gespeicherte, ausführbare Datei vorhanden sein, aber auch als „Applet". Ein **Java-Applet** ist ein Stück Bytecode, welches vom Browser über das Netz geladen und in seiner Laufzeitumgebung („Java Virtual Machine", JVM) ausgeführt wird. Die JVM kann auch hardwareseitig im ROM einer Erweiterungskarte vorhanden sein[65].

**Vorteile von Java** sind

- das einfaches Sprachkonzept im Vergleich zu C/C++, z.B. durch automatische Speicherallokation
- die leichte Erlernbarkeit für C++- Programmierer

---

[65] Die Perforance von Hardwarelösungen ist etwa 20mal so hoch wie bei der Interpretation durch die JVM eines Browsers, vgl. FLANAGAN [1996], S. 8 . Die Performance ist insbesondere für die zukünftig erscheinenden Internetgeräte mit leistungsschwächerem Prozessor als bei PCs wichtig.

- Plattformunabhängigkeit und Portabilität: Jedes Gerät mit JVM und Netzwerkanbindung[66] kann Java-Applets ausführen, ohne daß verschiedene Versionen erstellt werden müssen
- Sicherheit: Die Applets in der geschützten Umgebung der JVM haben keine Festplattenzugriffe oder Dateiaufrufe ausführen dürfen und die Herkunft der Applets über Signaturen nachgewiesen werden kann.

Nachteilig sind der geringe Funktionsumfang, der keine Nutzung lokaler Ressourcen zuläßt, die Ladezeiten für das Applet, die geringe Performance von softwarebasierenden JVMs sowie die Bekämpfung des Standards durch Microsoft [67]. Java-Applets haben im Electronic Commerce zahlreiche Anwendungsmöglichkeiten z.B.

- die Ausführung von Finanztransaktionen mit einem Banking-Applet[68]
- die Plazierung intelligente Werbebanner mit der Funktionalität eines einfachen virtuellen Geschäftes
- die Darstellung von speziellen Datenformaten ohne die Notwendigkeit der Installation eines Browser-Plug-In[69]
- Zahlungen mittels einer javabasierten Geldbörse[70].

#### 4.3.3.1 ActiveX-Controls

Das Konzept der ActiveX-Controls ist das von Microsoft entwickelte Gegenstück zu Java-Applets (s. auch Fußnote 67). Ähnlich wie bei Java wird der Quelltext („ActiveX-Controls") vor ihrer Ausführung vom Server in den Browser geladen. Da sie das volle Zugriffsrecht auf lokale Ressourcen haben, ist die Sprache vielseitiger einzusetzen. Auf der anderen Seite werden Möglichkeiten eröffnet, trojanische Pferde und Viren in Form von ActiveX-Controls in den Clientrechner einzuschleusen.

Das Sicherheitskonzept beschränkt sich auf die Zertifizierung von Controls. Damit wird in der höchsten „Sicherheitsstufe" des MS Internet Explorers sichergestellt, daß das Control unverändert vom Server übertragen wurde und daß die Identität des Autors bekannt ist. Gegen Zahlung einer geringen Jahresgebühr erhält jeder Programmierer einen Code von Microsoft, mit dem er seine Controls selbst zertifizieren kann.

Bisher haben sich die proprietären Microsoft-Lösungen nicht gegen das von der restlichen IT-Industrie unterstützte Java durchsetzen können. Das wird durch das Fehlen

---

[66] Das können PCs mit verschiedenen Betriebssystemen, internetfähige Telefonen, Telespielkonsolen, TV-Settopboxen, Waschmaschinen, Geldautomaten, Verkaufsautomaten und Straßenlaternen sein.

[67] Im Rahmen der Untersuchungen des US-Justizmisteriums wurde aus internem E-Mails zitiert, in denen vorgeschlagen wurde „...kill cross-platform Java by growing the polluted Java market".

[68] z.B. auf https//banking.bank24.de

[69] z.B. vom Typ „Live Picture" (Beispiel auf www.cuckoo.de)

[70] www. brokat.de, System „X-Pay"

von ActiveX-Lösungen in E-Commerce-Lösungen deutlich, aber auch in der Zahl der veröffentlichen Fachbücher[71].

[71] In Fachbuchhandlungen stehen mehreren Metern Java-Büchern regelmäßig nur wenige ActiveX-Bücher gegenüber.

# 5 Sicherheit

## 5.1 Definition

In den Anfangsjahren des Internet überwog die nichtkommerzielle Nutzung, der Kreis der Nutzer war überschaubar und weitgehend vertrauenswürdig. Sicherheitsaspekte waren nicht wichtig, was sich in der Gestaltung der Standards niedergeschlagen hat. Wie in Kap. 3.4 erläutert, überträgt z.B. das grundlegende Internet-Protokollalle Datenpakete auf einer zufälligen Netzroute sowie unverschlüsselt. Deshalb kann an jedem Netzknoten[72] auf den Strom der dort gerouteten Datenpakete zugegriffen werden. Zudem

- haben ca. 90 Millionen Menschen in aller Welt Zugriff auf eine Internetverbindung [73]
- handelt es sich um komplexe Systeme mit hunderten von Konfigurationsparametern, die entsprechend viele Möglichkeiten der Kontaktaufnahme von außen bieten
- führen kurze Software-Entwicklungszyklen und Technologiesprünge zum Einsatz unausgereifter Software und
- viele Nutzer sind nicht in der Lage oder willens, sich eingehend mit der komplizierten Materie zu beschäftigen.

Diese Tatsachen lassen die Sicherheit von Transaktionen und Rechner-Ressourcen zu einer zentralen Frage im Einsatz von Electronic Commerce werden. In der Literatur werden viele Definitionen von Computer-Sicherheit angeboten:

> „A computer is secure if you can depend on it and its software to behave as you expect. (...) Web security is a set of procedures, practices, and technologies for protecting web servers, web users and their surrounding organizations.[74]
>
> „ ...keeping anyone from doing things you do not want them to do to, with, on, or from your computers or any peripheral device.“ [75]

Howard (1997) bezeichnet diese Definitionen als

> „...relatively informal, and as a result, they are not adequate to the development of a taxonomy of computer security problems.“ [76]

---

[72] Selbst bei Verbindungen innerhalb Deutschland sind meist 16 oder mehr „hops“ (Zahl der Netzknoten auf der Route von Client zu Server) zu zählen.

[73] s. Kap. 2.6

[74] vgl. GARFINKEL (1997), S. 3

[75] vgl. Cheswick (1994)

[76] vgl. Howard (1997), Kap. 5.1

Statt dessen schlägt er vor, Computersicherheit zu definieren als

> „...preventing attackers from achieving objectives through unauthorized access or unauthorized use of computers and networks."

Diese Definition bietet für die vorliegende Arbeit den Vorzug, auf *Internet*spezifische Probleme konzentriert zu sein[77] und gleichzeitig zu berücksichtigen, daß bei jeder Beeinträchtigung von Internet-Sicherheit ein Angreifer im Spiel ist, der ein Ziel erreichen möchte.

Allerdings werden in dieser Definition diejenigen Begriffe nicht genannt, die in allen Abhandlungen über Internet/WWW-Sicherheit eine zentrale Rolle spielen[78]:

- Vertraulichkeit: Der Inhalt der Transaktion sowie die Tatsache, daß eine Kommunikation stattgefunden hat, darf nur den Berechtigten bekannt sein
- Authentizität: Die Identität der Transaktionspartner als berechtigte Personen kann eindeutig festgestellt werden
- Integrität: Die Daten können nicht von unberechtigten Personen verändert werden können
- Verbindlichkeit[79]: Der Absender einer Nachricht kann weder den Inhalt noch die Tatsache des Datenaustausches abstreiten.

Vertraulichkeit, Authentizität, Integrität und Verbindlichkeit sind die 4 Bestandteile der Transaktionssicherheit. Weiterhin ist die Sicherheit der eingesetzten Ressourcen wichtig. Sicherheit reicht allerdings immer nur bis zu einem gewissen Grad.

Deshalb soll den folgenden Kapiteln die folgende Definition zugrundegelegt werden:

> **Sicherheit ist der weitgehende Schutz vor Angriffen auf die Vertraulichkeit, Authenzität, Integrität und Verbindlichkeit von Transaktionen sowie die Verfügbarkeit von Ressourcen.**

Dabei hängen Ressourcen- und Transaktionssicherheit zusammen, da ein Angriff auf Transaktionen durch einen Angriff auf Ressourcen vorbereitet werden kann[80].

## 5.2 Vertraulichkeit

---

[77] also nicht Fehlbedienung, Hardwareschäden, Diebstahl, Stromausfall, Integritätsverletzungen bei Datenbankzugriffen, Speicherschutzverletzungen etc. einzuschließen.

[78] vgl. ALPAR (1996), S. 152, KALAKOTA (1997), S. 5.9, GARFINKEL (1997), S. 209; 210

[79] Englisch: „non-repudiation", wird oft wörtlich mit „Nicht-Abstreitbarkeit" übersetzt.

[80] Beispielsweise können Paßworte durch Eindringen in ein System ausgespäht werden.

## 5.2.1 Verschlüsselung

### 5.2.1.1 Bedeutung

Zur Sicherung der Vertraulichkeit werden seit Menschengedenken Verschlüsselungsverfahren (Kryptographieverfahren) verwendet. Ohne Rechner unterliegt die Komplexität der Verschlüsselung allerdings engen Grenzen. Mit steigender Rechenleistung von Client- und Serverrechnern wurde breite Anwendung von Kryptographie möglich.

Es wurde jedoch auch leichter möglich, Verschlüsselungen zu brechen. Jede Verschlüsselung ist also nur solange sicher, bis ein Angreifer genügend Rechenleistung kaufen oder deren Nutzung organisieren kann. Dazu muß ein Angreifer als Ansatzpunkt allerdings Zugriff auf die verschlüsselten Daten haben. Dies kann durch das Mitlesen von IP-Paketen beim Routing durch ein Teilnetz des Angreifers geschehen.

Außerdem haben staatliche Stellen ein Interesse an der Kontrollmöglichkeit jeglichen Informationsflusses und gleichzeitig die notwendigen finanziellen Mittel zur Beschaffung von ausreichender Rechenleistung. Die beiden folgenden Absätze skizzieren kurz, worum es geht.

1. In Deutschland hat jeder Betreiber einer Telekommunikationseinrichtung (Provider, Telefongesellschaften, Mailboxbetreiber, Konzernzentralen) den Behörden einen ständigen ISDN-Kanal zur Verfügung zu stellen, über den der Datenverkehr gefiltert werden kann[81]. Das muß so geschehen können, daß es weder Betreiber noch Kunden merken.

2. Nach einem von der EU-Kommission verfaßten Bericht wird ein Großteil der länderübergreifenden Kommunikation (Fax, Internet, E-Mail, Telefon) mit Computern nach Stichworten aus vorgegebenen Wörterbüchern verglichen. Ein System, welches viele solcher, schon länger existierende Einrichtungen zusammenfaßt, ist „Echelon“. Es wird von den Geheimdiensten der USA, Kanada, Großbritannien, Neuseeland und Australien betrieben. Dazu werden Satelliten (u.a. 25 Intelsat-Satelliten) und der Knotenpunkt der überseeischen Datenleitungen in Großbritannien angezapft. Die National Security Agency (NSA) in Fort Meade, USA leistet mit ihren 20.000 Mitarbeitern die Hauptarbeit der Entschlüsselung und manuellen Auswertung derjenigen Nachrichten, die als relevant ausgefiltert wurden[82]. Die Auswertung konzentriert sich auf westliche und östliche Regierungen, Unternehmen, Organisationen und Privatleute[83].

---

[81] entsprechend dem Gesetzentwurf zur „Telekommunikationsüberwachungsverordnung „ TKÜV, die nach der Klärung der Kostenfrage voraussichtlich vom Bundestag verabscheidet wird.

[82] vgl. Krüger (1998)

[83] vgl. Hager (1997)

Daraus folgt, daß es gerade im btb-Electronic Commerce dringend erforderlich ist, neben vertraulichem Telefon- und Faxverkehr auch sensiblen Datenverkehr verschlüsselt abzuwickeln. Anderenfalls ist zu befürchten, daß Unbefugte von Geschäftsgeheimnissen und Unternehmenskontakten bzw. Einkaufsdaten Kenntnis erlangen.

#### 5.2.1.2 Symmetrische Kryptographie

##### Prinzip

Symmetrische Kryptographie beruht auf der Verwendung des gleichen Schlüssels durch Sender und Empfänger. Der am häufigsten verwendete Algorithmus ist der **Data Encryption Standard (DES)**. Er wurde in den 70er Jahren von IBM entwickelt und hat eine Länge von 56Bit.

Um die effektive Schlüssellänge zu erhöhen[84], kann eine Nachricht mit dem 1. Schlüssel verschlüsselt, mit dem 2. entschlüsselt und wiederum mit dem ersten verschlüsselt („Triple DES"). Damit erhöht sich die Schlüssellänge auf 112 Bit und die Zahl der möglichen Schlüssel auf $2^{112}$. Allerdings verdreifacht sich dadurch die Rechenzeit. Symmetrische Algorithmen sind sehr performant, erfordern allerdings

- die Existenz eines sicheren Übertragungsweges zwischen Sender und Empfänger und
- die Verwaltung eines anderen Schlüssels für jeden Kommunikationspartner.

Für gelegentlichen Datenaustausch mit wechselnden Personen ist symmetrische Verschlüsselung daher nicht geeignet.

##### Bewertung

Die Sicherheit von symmetrischen Verschlüsselungsverfahren kann beeinträchtigt werden durch „Brute Force"-Angriffe, Kryptoanalyse und Systemangriffe.

Der **„Brute-Force"-Angriff** (Ausprobieren aller Schlüsselvariationen) ist die effizienteste bekannte Methode, symmetrische Verfahren zu brechen. DES galt lange als absolut sicher, da seine $2^{112}$ Variationen mit keiner bekannten Rechnerarchitektur in vertretbarer Zeit durchprobiert werden konnten. Die Annahme galt solange, bis ein Team zwischen Januar und Juni 1997 einen Angriff von einigen zehntausend Rechnern verschiedener Leistungsklassen und Betriebssysteme organisierte, die über das Internet kooperierten[85]. Teilnehmer konnten einen Teil der möglichen Schlüsselvarianten über das Internet laden, ferner ein Programm, welches die Berechnungen während geringer

[84] Je länger der Schlüssel, desto länger braucht ein Angreifer, um ihn zu erraten.

[85] Der Angriff war Teil eines Wettbewerbes, den das Unternehmen RSA ausgeschrieben hatte, um nachzuweisen, daß DES nicht sicher ist (RSA stellt Verschlüsselungsprodukte her, die den RSA-Algorithmus verwenden).

CPU-Auslastung im Hintergrund laufen ließ. Nach sechs Monaten und der Durchsuchung von ca. 25% des Schlüsselraumes war der 56-Bit-Schlüssel gefunden[86].

Auch unter Berücksichtigung der Tatsache, daß nicht immer Klartext und verschlüsselter Text zur Verfügung stehen (wie in der Aufgabe), gilt seitdem das 56-Bit DES-Verfahren als nicht mehr sicher. Ein Team von sieben bekannten Kryptoexperten gibt für sichere geschäftliche Transaktionen eine **Mindest-Schlüssellänge von 90 Bit** an. Damit soll die Sicherheit für die nächsten 20 Jahre gewährleistet sein, unter der Annahme, daß sich die Rechenleitung je Geldeinheit alle 18 Monate verdoppelt[87]. Sie kann auch durch Schlüsselsuchgeräte bereitgestellt werden. Für die Verschlüsselung der aktuell diskutierten Geldkarten sind deshalb Triple-DES-Verfahren im Gespräch [88].

**Kryptoanalyse** versucht, eine Schwäche im Algorithmus zu finden, um den Schlüssel schneller als durch einen Brute-Force-Angriff zu ermitteln. Bei **Systemangriffen** wird versucht, eine Schwäche des Systems auszunutzen, etwa bei der Übermittlung (Sniffer) oder der Speicherung des Schlüssels. Dies macht das Vorhaben mancher Regierungen , die Hinterlegung aller Kryptoschlüssel gesetzlich festzulegen, zu einem hohen Sicherheitsrisiko.

#### 5.2.1.3 Asymmetrische Kryptographie

##### Prinzip

Den Nachteilen bei der Schlüsselverwaltung und der Erfordernis eines sicheren Übermittlungsweges treten asymmetrische kryptographische Verfahren (auch: Public Key-Verfahren) entgegen. Der bekannteste und einzige weit verbreitete asymmetrische Algorithmus ist der von **R**ivest, **S**hamir und **A**dleman 1978 entwickelte **RSA**-Algorithmus.

Jeder Kommunikationsteilnehmer erzeugt zwei Schlüssel, einen öffentlichen ($S_Ö$) und einen privaten ($S_P$). Die Schlüssel werden so erzeugt, daß mit $S_Ö$ verschlüsselter Klartext nur mit $S_P$ entschlüsselt werden kann und umgekehrt. Der öffentliche Schlüssel kann veröffentlicht werden, da mit ihm entweder

- Nachrichten an den Schlüsselbesitzer *ver*schlüsselt oder
- Digitale Unterschriften des Schlüsselbesitzers *ent*schlüsselt werden können.

Beides liegt im Interesse des Schlüsselbesitzers. Der private Schlüssel dagegen muß sicher verwahrt werden. In der Regel wird er auf dem Rechner des Schlüsselbesitzers in verschlüsselter Form abgelegt, da er wegen seiner Länge schwer zu merken ist.

---

[86] Der Rechner, der den Schlüssel fand, war ein Pentium 90 mit 16 MB RAM, der ca. 250.000 Schlüssel pro Sekunde prüfen konnte.

[87] Die Angabe beruht auf der Berechnung, daß mit 300 Mio. Dollar ein Rechner gebaut werden kann, der einen 75-Bit-Schlüssel in 12 Sekunden findet (mit 300.000 Dollar einen 60Bit-Schlüssel in 19 Tagen), vgl. Blaze (1996)

[88] vgl. Janke (1997)

#### Bewertung

Die Sicherheit von RSA beruht auf der Annahme, daß zur Ermittlung des privaten Schlüssels eine große Zahl, die aus dem öffentlichen Schlüssel bekannt ist, in Primfaktoren zerlegt werden muß. Dies ist ein schwieriges mathematisches Problem. Allerdings ist die Unmöglichkeit bisher weder bewiesen noch widerlegt.

Wie alle asymmetrischen Algorithmen ist RSA ca. 10-100 mal langsamer als symmetrische Verfahren. Deshalb werden asymmetrische Verfahren bei größeren Datenmengen nur verwendet, um einen sicheren Übertragungsweg für einen symmetrischen Schlüssel („Sitzungsschlüssel") bereitzustellen. Die Verschlüsselung der Nachrichten geschieht dann mit einem symmetrischen Verfahren.

Die Sicherheit der **asymmetrischen Algorithmen** kann durch die Ermittlung des privaten Schlüssels beeinträchtigt werden. Dazu gibt es drei Möglichkeiten:

- Problemlösungsangriffe (Lösen des zugrundeliegenden mathematischen Problems)
- Algorithmusangriffe (Ausnutzen einer Schwäche) und
- Systemangriffe.

Der asymmetrische **RSA**-Algorithmus ist gut dokumentiert und untersucht. Ein Problemlösungsangriff erscheint unwahrscheinlich, wenn man bedenkt, daß die 1977 in einem Wettbewerb zur Faktorisierung ausgeschriebene 436-Bit-Zahl erst 1994 durch einen Problemlösungsalgorithmus faktorisiert wurde (Unter 8-monatigem Einsatz von 1600 Rechnern und 5000 MIPS-Jahren)[89]. Gängige Implementierungen von RSA unterstützen Schlüssellängen von 512 bzw. 1024 Bit. Zum Brechen dieser Schlüssel würden ca. 420.000 MIPS-Jahre bzw. $2.8*10^{15}$ MIPS-Jahre benötigt, sofern der Schlüssel nicht zufällig nach der Durchsuchung eines Teils des Schlüsselraumes gefunden wird. Schwächen des Algorithmus sind bisher nicht bekannt. Zur Sicherung gegen das Eindringen in das System s. Kap. 5.6.

#### 5.2.1.4 Sicherheitsprotokolle

Die beschriebenen Kryptographieverfahren sind kompliziert und erfordern die Abstimmung zwischen Client und Server über verwendete Algorithmen und Schlüssellängen. Um diese Vorgänge für den Nutzer unsichtbar und damit einfach handhabbar zu machen, werden entsprechende **Protokolle** benötigt.

#### SSL

Netscape implementierte das proprietäre SSL 1994 in den WWW-Client „Navigator", um die Nachfrage nach seinen „sicheren" (d.h. kryptographiefähigen) Serverprodukten zu erhöhen. Als Verkaufsargument wurde vorgebracht, die unverschlüsselte

[89] vgl. Häcker (1997), diplo_59.html. Ein MIPS-Jahr entspricht dem Einsatz eines Rechners mit einer Leitung von 1 Mio. Operationen je Sekunde während der Dazer eines Jahres.

Übermittlung von Kreditkartennummern über das Internet sei nachteilig für den Käufer[90].

SSL besteht aus zwei zusätzlichen Schichten zwischen der Host-to-Host und der Prozeß/Applikationsschicht (s. Tabelle 5, S. 19). Dadurch ist die Verwendung jedes sicheren[91] Protokolls möglich, und es können alle Internetdienste unterstützt werden. SSL schützt die Transaktion durch

- Authentisierung des Händlers (Serverseite)
- Authentifizierung des Käufers (Clientseite, optional)
- digitale Signaturen des Händlers (Nichtabstreitbarkeit der Transaktion)
- Verschlüsselung (über RSA asymmetrisch und Triple-DES symmetrisch) sowie
- Integrität (Hash-Wert über MD-5).

SSL verschlüsselt die gesamte Kommunikation zwischen Client und Server. Deshalb wirkt es sich nicht nur auf Zahlungsdaten, sondern auch auf andere Nachrichten aus. Die Kommunikation zwischen Client und Server verläuft in vier Phasen:

1. Die Verwendung von SSL wird dem Client gemeldet und für den Rest der Sitzung durch ein Schlüsselsymbol in der linken unteren Ecke des Browserfensters angezeigt. Der URL lautet ab sofort htpps://...
2. Client und Server tauschen ihre Zertifikate aus (Client-Zertifikat optional) und verhandeln über die zu verwendenden Verschlüsselungsverfahren
3. Der Client generiert ein zufälliges Pre Master Secret (PMS) und übermittelt es mit asymmetrischer Verschlüsselung an den Server
4. Der Server erzeugt aus dem PMS ein Master Secret, aus dem wiederum alle benötigten Schlüssel erzeugt werden. Für die anschließende Verbindungsverschlüsselung wird ausschließlich symmetrische Kryptographie verwendet.

Durch dieses Verfahren erhält SSL weitere wichtige Eigenschaften:

- Flexibilität: Server und Client können sich über die zu verwendenden Verschlüsselungsalgorithmen und Schlüssellängen verständigen. Ein Client kann, muß aber nicht zertifiziert sein

[90] Dies ist nicht der Fall, da die Zahlung bei mißbräuchlicher Verwendung angefochten werden kann und alle Partner der Kartengesellschaften sehr sorgfältig ausgesucht werden. Außerdem ist in den USA die Haftung auf 50 Dollar beschränkt und selbst dies wird von den meisten Instituten übernommen.

[91] sicher im Sinne von „fehlerloser Paketübertragung“

- Effizienz: Die Ermitteltung des Master Secret ist rechenaufwendig[92]. Es kann jedoch wiederverwendet werden und
- Transparenz: Der Benutzer bekommt eine Mitteilung über des Sicherheitsgrad der laufenden Sitzung.

**Bewertung**

Die Möglichkeit, für Authentifizierung, Integrität und Verschlüsselung verschiedene Schlüssel zu verwenden, ermöglicht den Einsatz auch in Ländern, in denen Vertraulichkeit verboten, jedoch Authentifizierung und Schutz der Integrität erlaubt sind (Frankreich[93], Irak[94], China[95]). Sofern Quellcode aus den USA verwendet wird, dürfen keine Schlüssel verwendet werden, die länger als 40 Bit sind[96].

#### 5.2.1.5 Sicherheitslücken

Die Sicherheit jeden Protokolls hängt ab von den implementierten Sicherheitsfunktionen, der Sorgfalt der Implementierung sowie der Sicherheit der verwendeten Verschlüsselungsalgorithmen (s. Kap. 5.2.1.3, Kap. 5.2.1.2).

In SSL sind alle Sicherheitsfunktionen implementiert, allerdings ist die Authentifizierung des Clinet nicht vorgeschrieben. Zudem sind Schlüssellängen von mindestens 128 Bit empfehlenswert. Zweifel an der Sorgfalt der Implentierung waren bei einer frühen Version mit fehlerhaftem Zufallszahlengenerator angebracht[97]. Seit der Behebung dieses Fehlers gilt SSL jedoch als sicher. Die Verwendeten Algorithmen sind bewährte RSA- und DES-Typen, von denen ebenfalls keine Mängel bekannt sind.

#### 5.2.1.6 Sicherheitsmaßnahmen

Bei der Verwendung **kryptographischer Algorithmen** sollte Wert gelegt werden auf

- die ausreichende Länge der Schlüssel
- die Offenlegung des Algorithmus zur Prüfung durch unabhängige Experten

---

[92] Für SSL auf einer SUN SparcStation S10 werden 3 CPU-Sekunden angegeben in GARFINKEL (1997), S. 242

[93] vgl. GARFINKEL (1997), S. 231

[94] vgl. GARFINKEL (1997), S. 231

[95] eigene Erfahrung: nicht eindeutig gesetzlich fixiert, aber Praxis bei den örtlichen Behörden

[96] Die US-Regierung betrachtet starke Kryptographie (128-Bit) als Kriegswaffen, die unter die Exportrestriktionen des Kriegswaffenkontrollgesetzes fallen. Davon ausgenommen sind allerdings Bücher, so daß Quellcode in Schriftform exportiert und mittels einem Scanner zur Kompilation eingelesen werden kann. So kommt es, daß das norwegische E-Mail Programm „Pretty Good Privacy" starke Verschlüsselung ganz legal auch ohne US-Exportgenehmigung bietet. Der in professionellen Kreisen bekannte „Opera"-Browser ist ebanfalls aus Norwegen und heute der einzige WWW-Client, der 128-Bit-*SSL*-Verschlüsselung legal bietet.

[97] Für das PMS kamen nur 220 Schlüssel in Frage.

- den Aufbau asymmetrischer Algorithmen auf schwer zu lösenden mathematischen Problemen
- die Vermeidung von Wirtschaftsspionage durch Schlüsselhinterlegung bei der eigenen oder insbesondere fremden Regierungen.

**Protokolle** sollten zusätzlich die folgenden Eigenschaften aufweisen:

- ausreichende Funktionalität (Authentifizierung, Vertraulichkeit, Beweisbarkeit, Integrität)
- Verbreitung seit längerer Zeit und hoher Bekanntheitsgrad für intensive Tests im Markt und die
- Verwendung der neuesten Versionen bzw. Bugfixes der Software und

#### 5.2.1.7 Weitere Protokolle

Das „Transport Layer Security Protocol“ (**TLS**) ist der vom IETF designierte SSL-Nachfolger[98], der auf SSL 3.0 aufbaut und dazu kompatibel ist. Weil sich die Spezifikation lediglich im Stadium eines Internet Draft befindet und die Unterschiede zu SSL gering sind, soll es hier nicht näher besprochen werden.

Secure HTTP (**S-HTTP**) ist ein weiteres Sicherheitsprotokoll, welches Vertraulichkeit, Nachrichtenintegrität und Nichtabstreitbarkeit ermöglicht. Kein gängiger Browser unterstützt jedoch S-HTTP, weshalb hier ebenfalls nicht näher darauf eingegangen wird. Der Secure Electronic Transaction Standard **SET** ist bereits in vielen Pilotprojekten im Einsatz. Er wird ausschließlich für den Schutz definierter Nachrichten bei der Kreditkartenzahlung verwendet. Daher wird er im Kapitel „Zahlungssysteme“ besprochen.

## 5.3 Authentizität

Authentitzität kann erreicht werden durch Paßworte, Chipkarten, Digitale Signaturen[99] sowie biometrische Erkennungssysteme.

Paßworte, Chipkarten und Signaturen erreichen Sicherheit dadurch, daß der Berechtigte durch Wissen eines Paßwortes oder Besitz einer Chipkarte bzw. eines Zertifikates seine Identität nachweist. Allerdings wird auf diese Weise nur eine *Autorisierung* erreicht. Unberechtigte können sich als berechtigt ausweisen, indem sie in den Besitz der verwendeten Merkmale gelangen.

---

[98] vgl. Dierks (1997)

[99] Digitale Signaturen verwirklichen neben der Authentifizierung auch andere Sicherheitsfunktionen, sie werden in Kap. 5.4.1 besprochen.

## 5.3.1 Paßworte

### 5.3.1.1 Allgemeines

Die am häufigsten zur Authentifizierung eingesetzte Methode sind **Paßwörter**. Dabei bekommen berechtigte Benutzer einen Alias-Namen (Benutzername, User Name) und ein Paßwort mitgeteilt. Anhand dieses gemeinsamen Geheimnis kann der Rechner die Identität des Benutzers überprüfen.

### 5.3.1.2 Sicherheitslücken

Unberechtigte Personen haben die Möglichkeit, Kenntnis von Paßworten berechtigter Nutzer zu erlangen und sie zu benutzen. Dies kann geschehen durch

- Intuitives Erraten
- Systematisches Erraten
- Social Hacking
- Paßwortsniffing und
- Einschleusen eines trojanischen Pferdes.

Das **Erraten** wird durch die Tatsache erleichtert, daß viele Benutzer „weiche", d.h. leicht zu ermittelnde Paßworte verwenden. Ein Paßwort ist weich, wenn es

- einen Namen, eine Vorliebe oder einen markanten Gegenstand aus dem Umfeld des Benutzers bezeichnet
- unter 7 Zeichen lang ist und keine Sonderzeichen enthält
- nach Systemtests nicht geändert wurde (Paßworte „admin", „user", „test")
- eine markante Zahl darstellt (pi, Autonummer des Berechtigten)
- am Arbeitsplatz notiert wurde oder
- in einem Wörterbuch zu finden ist.

Steigende Rechengeschwindigkeiten und elektronische Wortlisten haben das **systematische Paßwortraten** aussichtsreich gemacht. Dabei wird ausgenutzt, daß Paßwörter ein *gemeinsames* Geheimnis zwischen Nutzer und Computer darstellen. Wenn es einem Unbefugten gelingt, die auf einem Rechner vorhandene, verschlüsselte Paßwortdatei (bei UNIX: /etc/passwd) in seinen Besitz zu bekommen[100], kann er

1. Paßworte aus einer Wortliste mit dem gleichen Algorithmus verschlüsseln, mit dem auch /etc/passwd bekanntermaßen verschlüsselt wird und
2. Die verschlüsselten Testworte in der Paßwortdatei suchen[101].

---

[100] z.B. durch einen erfolgreichen Angriff auf die Ressource „Rechner".

[101] Moderne Entschlüsselungssoftware ermöglicht zusätzlich die Permutierung der Listenwörter nach konfigurierbaren Regeln.

Findet er solche Zeichenfolgen, so wird das testweise verwendete Wort von mindestens einem Nutzer als Paßwort verwendet. Dabei entscheidet die schwächste Stelle (d.h. das weichste Paßwort) über die Sicherheit der gesamten Kette. Eine Untersuchung von Dateien mit 15.000 DES-verschlüsselten Paßworten hat festgestellt, daß für die Entschlüsselung von 25% der Paßworte eine Rechenzeit von 12 CPU-Monaten nötig war. Die ersten 368 Paßworte (2,7%) waren dagegen schon nach 15 Minuten entschlüsselt[102].

Ferner existiert die Methode des **social hacking**. Dabei versucht sich ein Unbefugter als Systemadministrator o.ä. auszugeben und bittet berechtigte Nutzer zur Angabe ihres Paßwortes „aus technischen Gründen".

Wenn der Nichtberechtigte Zugang zu dem Rechner eines berechtigten Benutzers hat, kann er einen sog. „**Paßwortsniffer**" benutzen. Das ist ein Programm, welches unsichtbar im Hintergrund läuft, Tastatureingaben protokolliert und gefundene Paßworte in einer Datei speichert. Nachdem ein solches Programm eine Weile aktiv war, holt der Nichtberechtigte die Datei ab und löscht das Programm.

Ein **trojanisches Pferd** ist ein Programm, welches von einem Nichtberechtigten in der Absicht geschrieben wurde, sowohl eine vordergründig nützliche Funktion zu haben, als auch im Hintergrund Paßwörter protokolliert[103]. Diese Sicherheitslücke gewinnt mit dem zunehmenden Einsatz von Applets (s. S.44) und freier Software[104] an Bedeutung. Stammen diese Softwarekomponenten nicht aus vertrauenswürdiger Quelle, stellen sie ein Sicherheitsrisiko dar.

Die Sicherheit von Paßwörtern ist auch durch die unverschlüsselte Übertragung des IP gefährdet. Durch **Paket-sniffing** kann der Besitzer eines Internet-Netzknoten den durchlaufenden Datenverkehr auf Paßwörter prüfen.

#### 5.3.1.3 Sicherheitsmaßnahmen

Die Hauptursachen für die Unsicherheit von Paßworten sind die Angewohnheit von Benutzern, weiche Paßwörter auszuwählen, unbekannte Software zu installieren, vermeintlichen Systemadmistratoren Auskünfte zu geben oder die Paßworte am Arbeitsplatz zu notieren. „Harte" Paßwörter sind jedoch schwer zu merken, sofern die Methode der Bildung aus den Anfangsbuchstaben eines vertrauten Satzes nicht bekannt ist.

---

[102] auf DEC 3100 Workstations, vgl. Klein (1995), S. 5.

[103] Dies war der Fall bei dem erfolgreichen Versuch zweier Schüler, an Zugangskennungen für den Online-Dienst „t-online" zu kommen. Sie hatten die Freeware „T-Online Power Tools" vertrieben, die auf der Festplatte abgelegte Paßwörter aus der Datei passwort.ini auslas und bei der „Registrierung" der Freeware als E-Mail an die Autoren verschickte; vgl. C't (1998-1)

[104] z. B. nicht von Netscape stammende, zukünftige Versionen des Browsers „Communicator", dessen Quelltext veröffentlicht wurde. Internetsoftware ist besonders geeignet, da über die existierende Internetverbindung sofort Daten an den Nichtberechtigten übermittelt werden können.

Eine geeignete Methode, **harte Paßworte** zu finden, die dennoch leicht zu merken sind, ist die Abkürzung eines dem Benutzers gut bekannten Satzes, der Zahlen und Sonderzeichen enthält. So läßt sich der Satz „Electronic Commerce wird stark wachsen, vielleicht mit 30%" („Passphrase") abkürzen durch „Ecwsw,vm30%". Dieses Paßwort

- ist länger als 7 Zeichen
- enthält große und kleine Buchstaben, Sonderzeichen und Zahlen
- ist in keinem Wörterbuch enthalten
- kann nicht aus dem Wort eines Wörterbuches permutiert werden und
- ist leicht zu merken.

Somit ist intuitives und systematisches Paßwortraten ausgeschlossen. Zur *Durchsetzung* harter Paßworte existieren Programme, die neu einzurichtende Paßworte *vor* der Zuordnung zu einem Benutzer auf Härte testen. Zusätzlich kann intuitives Raten erschwert werden, indem die Zahl der vergeblichen Anmeldeversuche limitiert wird.

**Social Hacking** wird durch Aufklärung der Benutzer erschwert, z.B. durch einen Hinweis bei der Paßwortvergabe („Niemand, auch nicht Mitarbeiter der Systembetreuung darf Sie nach diesem Paßwort fragen").

Die Maßnahmen gegen **Paßwortsniffer und trojanische Pferde** müssen gegen jegliche Einschleusung von fremder Software gerichtet sein, und zwar

- durch den Nutzer selbst: Beschränkung auf vertrauenswürdige Quellen, außerdem Prüfung der laufenden Tasks
- durch Nichtberechtigte am Benutzerrechner: Restriktion des Zugangs zum Rechner durch BIOS-Paßwort, Chipkarte, biometrische Erkennung oder bauliche Maßnahmen
- das Internet: Nutzung von Clients mit tragfähigem Sicherheitskonzept, der die Kontrolle über Javascript-Seiten, Java-Applets und insbesondere ActiveX-Controls ermöglicht.

Gegen **Paket-Sniffing** sind die beschriebenen Verfahren zur Paßwortsicherheit wirkungslos. Zur Schließung diese Lücke werden

- kryptographische Verfahren (s. Kap. 5.2.1)
- Challenge-response-Verfahren sowie
- Einmalpaßwörter

eingesetzt. Beim **Challenge-Response-Verfahren** wird dem Benutzer oder seinem Rechner eine zufällig erzeugte Frage („Challenge") präsentiert, auf die er mit einer der Gegenseite bekannten Antwort („Response") antworten muß. Dies können vorher festgelegte persönliche Daten oder Zahlenfolgen sein, die nur dem Empfänger(Rechner) bekannt sind.

**Einmalpaßwörter** werden vom Benutzer entweder aus einer nur ihm zugänglichen Liste verwendet oder auf dem Zugangs-PC einmalig erzeugt. Gelingt es einem Unberechtigten, ein solches Paßwort herauszufinden, so ist es nicht mehr verwendbar. Die bei Finanztransaktionen verwendeten Transaktionsnummern (TAN) sind solche Einmalpaßworte.

## 5.3.2 Chipkarten

### 5.3.2.1 Allgemeines

Chipkarten sind kreditkartengroße Kunststoffkarten mit eingebautem Mikrochip. Unter den vielfältigen Erscheinungsformen von Chipkarten[105] sind für die Realisierung von Transaktionssicherheit im E-Commerce der Typ der „**Smart Cards**" interessant. Sie enthalten einen kompletten Rechner (Prozessor, RAM, ROM, I/O-Einheit), in dem verschlüsselte Geheimnisse gespeichert werden. Dadurch ist die Verwendung von harten Paßwörtern in Kombination mit weiteren Sicherheitsfunktionen möglich.

### 5.3.2.2 Sicherheitslücken

Die Authentifizierung mittels Paßworten und Smart Cards ist nicht an die berechtigte Person, sondern an den Besitz der Karte und die Kenntnis der PIN gebunden. Ein Nichtberechtigter kann die Eingabe der PIN an einem Kartenterminal beobachten, sich die Chipkarte verschaffen und anschließend im Namen und auf Rechnung des Berechtigten Transaktionen durchführen.

Ferner ist es theoretisch möglich, Smart Cards zu fälschen, indem mit manipulierten Terminals die enthaltenen Informationen ausgelesen, geändert und wieder geschrieben werden. Bei einem neuen, sehr aufwendigen Verfahren werden die enthaltenen Chips angeschliffen und einzelne Speicherzellen ausgelesen.

### 5.3.2.3 Sicherheitsmaßnahmen

Der eingebaute Prozessor gestattet Smart Cards erweiterte und autonome (d.h. ohne authentischen Kartenleser durchführbare) Sicherheitsfunktionen. Dies sind

- Überprüfung von Signaturen des über den Kartenleser kontaktierten Rechners
- Überprüfung von Signaturen der eingespielten Software bei Protokoll-Updates
- Selbstsperrung der Karte beim Versuch des Auslesens mit einem manipulierten Kartenterminal und
- Hochsicherheitsverschlüsselung der enthaltenen Daten.

---

[105] Zur Typologie von Karten vgl. Dieterich (1992).

### 5.3.3 Biometrie

#### 5.3.3.1 Allgemeines

Die **biometrische Authentifizierung** vermeidet die persönliche Ungebundenheit von Paßwörtern und Smart Cards. Hier wird die Tatsache ausgenutzt, daß jeder Mensch individuelle Kennzeichen besitzt, die ihn einzigartig machen nicht kopierbar sind.

Somit ist es nicht möglich, das zur Authentifizierung eingesetzte Wissen bzw. materielle Gegenstände zu vergessen, zu verlieren oder zu fälschen und durch Unberechtigte zu benutzen.

Durch die Berücksichtigung von nicht übertragbaren persönlichen Merkmalen sind biometrisce Verfahren die einzige Möglichkeit, nicht nur eine *Autorisierung* zu erreichen, sondern echte *Authentifizierung* (d.h. der Benutzer *ist* tatsächlich der Berechtigte).

Aus der Sicht des Datenschutzes sind biometrische Verfahren unbedenklich, da die Referenzdaten nicht zentral gespeichert werden müssen, sondern auf einer Chipkarte im Besitz des Berechtigten verbleiben können. Nur in Verbindung mit der Referenzkarte und den authentischen biometrischen Merkmalen wird der Berechtigte erkannt.

#### 5.3.3.2 Sicherheitslücken

Biometrische Authentifizierung hat bisher keine bekannten Sicherheitslücken. Die Kombination der erfaßten Meßgrößen (optische, thermische, mechanische) kann heute als absolut sicher angesehen werden. Allerdings zieht möglicherweise der Einsatz des menschlichen Körpers als Authentifizierungsmerkmal neue Formen der Kriminalität nach sich.

#### 5.3.3.3 Sicherheitsmaßnahmen

Zur biometrischen Authentifizierung werden eingesetzt

- Optische und thermische Videoerkennung des Gesichtes
- Auswertung des Netzhautbildes (Irisscanner)
- Fingerabdruck in Kombination mit dem Wärmemuster des Fingers
- Auswertung des Tippverhaltens
- Auswertung von Kurvenform, Andruckstärke und Stiftbeschleunigung beim Unterschreiben auf ein drucksensitives Feld oder mit einem sensorischen Schreibgerät.

Diese Art der Authentifizierung wird heute wegen der hohen Kosten nur für Hochsicherheitsanwendungen angewendet. Zunehmend werden jedoch Biometriesysteme mit geringeren Kosten vorgestellt.

## 5.4 Integrität und Verbindlichkeit

### 5.4.1 Digitale Signatur

Integrität und Vertraulichkeit werden mittels **digitaler Signaturen** (entspricht der herkömmlichen Unterschrift). Wie diese soll sie die folgenden Funktionen erfüllen:

- Echtheitsnachweis (die Nachricht wurde vom Sender verfaßt: Authentifizierung)
- Originalität (Die Nachricht ist seit der Signierung nicht verändert worden: Integrität)
- Beweisbarkeit von Sender, Empfänger, Inhalt, Sendezeitpunkt und Empfangszeitpunkt sowie
- Abschluß- und Warnfunktion (rechtliche Funktionen).

Mit digitalen Signaturen sind also mehrere Sicherheitsmerkmale gleichzeitig realisierbar. Herkömmliche Unterschriften können diese Aufgaben nicht sicher erfüllen, da sie

- vom Inhalt des betreffenden Dokumentes getrennt werden können (Kopie, Blanko-Unterschriften) und
- optisch von Menschen auf Echtheit geprüft werden.

Digitale Signaturen sind besser zur Verwirklichung der Funktionen geeignet. Zu ihrer Herstellung wird asymmetrische Kryptographie benutzt (s. Kap. 5.2.1.3). Signaturen sichern die Authentizität des Senders, die Integrität der Nachricht und die Beweisbarkeit von Inhalt und Tatsache der Transaktion seitens des Empfängers.

Dazu erzeugt der Sender nach einem vorgegebenen Algorithmus, z.B. dem **M**essage **D**igest-Verfahren MD5, einen repräsentativen Auszug seiner Nachricht[106] („Hash-Wert", „Fingerprint"). Dieser wird mit dem privaten Schlüssel $S_P$ verschlüsselt und so in eine digitale Signatur verwandelt. MD5 ist so beschaffen, daß aus

- verschiedene Nachrichten immer verschiedene Hashwerte erzeugt werden und
- einem Hashwert nicht auf den Inhalt der Nachricht bzw. Datei geschlossen werden kann.

Der Empfänger extrahiert mit dem zugehörigen öffentlichen Schlüssel $S_Ö$ des Senders aus dessen digitaler Signatur den Hash-Wert. Da dies kein Klartext ist, überprüft er das Ergebnis der Operation mit dem selbst berechneten Hash-Wert der Nachricht. Da die Vorschrift zur Bildung der Hash-Werte bekannt ist, muß der vom Empfänger berechnete Hash mit dem empfangenen Hash-Wert übereinstimmen. Wenn dies der Fall ist, so ist die Nachricht sowohl authentisch als auch integer. Sofern der Sender Nachricht und digitale Signatur zusätzlich mit dem öffentlichen Schlüssel des Empfängers verschlüsselt hat, so ist sie zusätzlich vertraulich.

---

[106] Die Beschränkung auf die Verschlüsselung eines *Auszugs* reduziert die notwendige Rechenzeit.

### 5.4.2 Sicherheitslücken

Die Sicherheitsfunktionen von Signaturen können durch zwei Lücken beeinträchtigt werden:

- Bekanntwerden des privaten Schlüssels und
- Manipulation des öffentlichen Schlüssels des Empfängers.

Verschlüsselt der Sender die Nachricht gutgläubig mit dem öffentlichen Schlüssel eines Unberechtigten und hat dieser die Möglichkeit, die Nachricht zu erlangen, so kann er sie mit seinem privaten Schlüssel entschlüsseln[107].

### 5.4.3 Sicherheitsmaßnahmen

Zur Sicherung der Funktionalität von **Signaturen** läßt sich der private Schlüssel verschlüsselt aufbewahren. Zur Verwendung hat der Schlüsselbesitzer ihn entweder

- auf dem Rechner oder einer Diskette mit einem auswendig gelernten, harten Paßwort oder einer Passphrase verschlüsselt aufzubewahren (s. Kap. 5.3.1.3) oder
- eine Chipkarte zu verwenden, auf der verschlüsselte Schlüssel gespeichert und durch zusätzliche Sicherheitsfunktionen geschützt ist (s. Kap. 5.3.2).

Die Sicherung des öffentlichen Schlüssels gegen Manipulation erfordert eine vertrauenswürdige dritte Partei, ein **Trust Center** (auch „Certficate Authority“, CA genannt). Der Betreiber verspricht,

- die Authentizität jeder Person, die einen Schlüssel hinterlegt, genau zu prüfen (z.B. durch Vorlage des Personalausweises)
- den hinterlegten Schlüssel öffentlich zugänglich aufzubewahren
- mit Technologie der höchsten Sicherheitsstufe die Manipulation der hinterlegten Schlüssel zu erschweren[108].

Das Trust Center fertigt für jeden Hinterleger eines Schlüssels ein elektronisches Zertifikat an, welches die Identität, den öffentlichen Schlüssel und die Geltungsdauer enthält. Das Zertifikat wird mit dem privaten Schlüssel des Trust Centers signiert. Der Sender hängt dieses Zertifikat an seine Nachrichten an, der Empfänger überprüft die Authenzität durch Entschlüsselung des Zertifikates mit dem öffentlichen Schlüssel des Trust Centers. Ob dessen Schlüssel wiederum echt ist, läßt sich in der nächsthöheren Instanz (höhere Sicherheitsstufe) in einer Hierarchie von Trust Centern prüfen.

---

[107] der Unberechtigte muß dann allerdings die Nachricht auch abfangen und erneut mit dem „richtigen“ öffentlichen Schlüssel des Empfängers verschlüsseln und verschicken. Sonst würde dieser Verdacht schöpfen, wenn er Nachrichten erhält, die mit seinem privaten Schlüssel nicht zu entschlüsseln sind.

[108] Dies reicht vom Einsatz von Firewalls (s. Kap. 5.6.3.1) bis hin zum Einsatz von Hardware, die den gespeicherten Inhalt bei unbefugter Öffnung des Gehäuses durch elektrostatische Kopplung zerstört.

Diese Authentifizierung setzt also voraus, daß ein hierarchisches, vertrauenswürdiges System von Trust Centern existiert. Am 1. August 1997 ist in Deutschland mit Art. 3 des Informations- und Kommunikationsdienste-Gesetz (IuKDG) das **Gesetz zur digitalen Signatur** (Signaturgesetz - SigG)[109] in Kraft getreten. Es ist weltweit die erste gesetzliche Regelung zur Verwendung digitaler Signaturen und zum Aufbau einer Hierarchie von Trust Centern. Allerdings wurde die Zivilprozeßordnung nicht angepaßt, so daß die Beweiskraft digitaler Signaturen im Streitfall von der Einschätzung des Gerichtes abhängt, also nicht zwingend ist.

Die Sicherheitsfunktion „Verbindlichkeit“ ist mit einer Signatur nur einseitig erreichbar. Soll auch der Empfänger einer Nachricht den Empfang nicht abstreiten können, so ist dies bisher nur möglich, indem er mit einer signierten Empfangsbestätigung antwortet.

Zur Sicherung der Integrität der auf den beteiligten Rechnern ist potentiellen Angreifern mit einer **Firewall** der Zugang zu verwehren (s. Kap. 5.6.3.1).

## 5.5 Anonymität

Oft wird auch Anonymität als Sicherheitsfunktion betrachtet. Dies läßt sich bei **WWW-Zugriffen** über sogenannte „Anonymizer“-Server erreichen, deren Betreiber versprechen, keine Nutzerdaten weiterzugeben (www.anonymizer.com). Bei diesem Vorgehen wird die URL, die der Browser im http-request an den Anonymizer sendet, um die URL des echten Ziels erweitert. Auf dem Anonymizer läuft Software, die aus dem manipulierten URL den Ziel-URL extrahiert, eine eigene Anfrage an den Zielserver stellt und dessen http-Antwort an den Browser zurückgibt.

Anonyme Server dienen als Ausgangspunkt für Versuche, in fremde Rechner einzudringen. So wird die Verfolgung von Angreifern erschwert. Außerdem ist das WWW auch zum Veröffentlichen von Information (d.h. in diesem Zusammenhang von übler Nachrede und fremdem geistigem Eigentum) geeignet. Daher stellen Anonymizer bisher eher eine Bedrohung dar.

Bei digitalen Zahlungssystemen dagegen ist Anonymität eine wichtige Funktion. Sie bezieht sich jedoch auf die Information über den Kaufgegenstand (aus Gründen des Schutzes der Privatsphäre) und nie auf die Tatsache des WWW-Zugriffes. Zur Realisierung von Anonymität bei Zahlungssystemen s. Tabelle 12.

**E-Mail** kann mit frei erhältlicher Software anonym verschickt werden, indem Headerfelder gefälscht werden. Dies wird durch mangelnde Prüfmechanismen des Mail-Protokolls SMTP (s. Kap. 4.1.2, S. 31) ermöglicht. Jeder SMTP-Server ist durch den Standard verpflichtet, jede Mail ohne Ansehen des Headers an jeden anderen SMTP-Server weiterzugeben und bei mehreren angegebenen Empfängern zu vervielfältigen. Dem SMTP-Server werden Sender, Empfänger sowie CC- und BCC-Felder nicht über

[109] vgl. IUKD (1997), Art. 3

den Header mitgeteilt, sondern auf Protokollebene durch Klartextkommandos („MAIL FROM“, „RCPT“ etc.). Der Header dient ausschließlich zur Information des *Empfängers*. Diese Mängel werden zum Versand ungewünschter Werbe-E-mail („Spam“) benutzt[110], wobei es möglich ist, einen fremden SMTP-Server zur Vervielfältigung der eigenen Massen-E-Mail zu veranlassen („hijacking“), so daß dessen Betreiber die Kosten des erzeugten Datentransfer tragen muß.

**Abhilfe**

Der anonyme Zugriff auf den eigenen **WWW-Server** kann verhindert werden, indem dort aktive Inhalte plaziert werden (Java, ActiveX), ohne die das Angebot nicht genutzt werden kann. Beide Standards erlauben es den aktiven Programm-Modulen, die IP-Adresse desjenigen Rechners an den Server zu melden, auf dem sie ausgeführt werden. In diesem Fall wird die Tarnung der http-Anforderungen an den Zielserver wirkungslos.

Das Hijacking des eigenen **Mailservers** kann durch den Einsatz nicht protokollgemäßer Mailserver verhindert werden. Sie erlauben es, den Transport auf lokale Nutzer bzw. Mails von diesen zu beschränken.

## 5.6 Ressourcensicherheit

### 5.6.1 Allgemeines

Unter Ressourcen werden hier die Rechner verstanden, die an der Ausführung von Transaktionen beteiligt sind. Diese Rechner (Client und Server) müssen gegen Angriffe auf ihre Funktion, Mißbrauch sowie gegen Integrität und Vertraulichkeit der auf ihnen gespeicherten Daten geschützt werden. Angriffe können aufbauen auf

- grundlegenden Protokollschwächen
- Softwarefehlern (Betriebssystem, Internetdienste, Anwendungen)
- nachlässiger Konfiguration von Client oder Server und
- bösartigem Code, der zur Ausführung gelangt.

Generell sind die Folgen von Angriffen für einen Client weniger schwerwiegend als für einen kommerziell genutzter Server. Die Sicherheit von Clients, die Teil eines Netzwerkes sind, entscheidet jedoch über die Sicherheit des gesamten Systems. Dies wird mit steigender Integration von Internetservern mit Unternehmensanwendungen (PPS-Systeme, Datenbanken, Intranet) zunehmend wichtiger. Die durchschnittliche Schadenshöhe bei einem Netzwerkausfall betrug 1989 noch 3500 US$/Stunde, im Jahr 1993 dagegen bereits 52000 US$/Stunde[111]. Die Sicherung sowohl des E-Commerce-

[110] Die Fälschung der Headerfelder ist für den „Spammer“ wichtig, um sich vor massenhaften Protestmails zu schützen

[111] vgl. Kyas (1996), S. 24

Servers selbst als auch der angeschlossenen Netzwerke gegen Angreifer ist also von größter Wichtigkeit.

Die **Motivation von Angreifern** kann verschieden sein: Geltungssucht und Freude am ausprobieren („Hacker"), Zerstörung der Geschäftsbasis/Imageschädigung (Konkurrenz), finanzieller Gewinn (Erpresser, Wirtschaftsspione, organisiertes Verbrechen), oder Umsatzsteigerung (Anbieter von Sicherheitsdienstleistungen). Das Vorgehensmuster bei Angriffsserien läuft in drei Schritten ab [112]:

1. Beschaffung eines Zugangs zu einem System
2. Ausnutzung von weiteren Sicherheitslücken zum Erweitern der eigenen Handlungsmöglichkeiten und
3. Angriff weiterer Rechner im System.

Die Dunkelziffer bei der Zahl von Angriffen ist sehr hoch. Da sie auch nicht annähernd genau geschätzt werden kann, hat die Defense Information Systems Agency (DISA) der US-Regierung im Rahmen interner Tests von 1992 bis 1995 insgesamt 38.000 Angriffe auf militärische Internetrechner in den USA ausgeführt. Davon wurden 35% durch Sicherheitsvorkehrungen abgewehrt. Von den 24.700 erfolgreichen Angriffen wurden 988 bemerkt und 267 gemeldet (0,7% aller Angriffe).

Die Dokumentation von Sicherheitsvorfällen, Hilfe bei der Schließung von Lücken sowie die Koordination von Sicherheitsmaßnahmen wird vom Computer Emergency Response Team (CERT) wahrgenommen. Es ist aber nicht möglich, aus den CERT-Angaben für Internet -Vorfälle und der Dunkelziffer von 99,3% in der DISA-Testreihe auf die Zahl der *Angriffe* zu schließen, da das CERT nicht Angriffe, sondern *Vorfälle* [113] definiert. Auch deren Zahl wird in den laufenden Berichten nicht erwähnt[114].

Eine Auswertung der CERT-Dateien (bis 1995) wurde einmalig im Jahr 1997 im Rahmen einer Dissertation vorgenommen[115]. Die Wahrscheinlichkeit für eine Internet *Domain*, von einem Angriff betroffen zu sein, liegt danach höchstens bei ca. einem Mal pro Jahr, für einen Internet-*Host* bei einem Mal in 45 Jahren[116]. Dies scheint ein sehr niedriges Risiko darzustellen, jedoch stellen gerade Rechner, die für Electronic Commerce genutzt werden, ein besonders attraktives Ziel dar[117].

---

[112] vgl. Howard (1997), chapter16.html

[113] Ein Vorfall („Incident") kann aus Hunderten von Angriffen gegen viele Rechner erfolgen. Ein *Vorfall* im Sinne des CERT ist eine Reihe von Angriffen, die von anderen Reihen durch eindeutige Merkmale unterscheidbar ist; vgl. Howard (1997), glossary.html. Der größte Angriff betraf 1500 Sites (vgl. Howard (1997), chapter10.htm)

[114] ftp://ftp.cert.org/pub/cert_summaries/cs-98.04.

[115] vgl. Howard (1997)

[116] vgl. Howard (1997), chapter16.html

[117] Für Hacker wegen der hohen Wahrscheinlichkeit, bei Erfolg in der Presse erwähnt zu werden und für gewinnorientierte Kriminelle, weil dort die Möglichkeit besteht, geldwerte Transaktionen zu manipulieren

Die Wahrscheinlichkeit, daß Sicherheitslücken von Unbefugten erkannt werden, steigt mit dem Einsatz von Netzwerkscannern stark an. Dies sind Programme, die Tausende von Internet-Rechnern in kurzer Zeit automatisch auf Schwachstellen untersuchen können[118].

## 5.6.2 Sicherheitslücken

### 5.6.2.1 Allgemeines

Ist die **Funktion** eines Servers beeinträchtigt, auf dem Transaktionen durchgeführt werden (Unmöglichkeit oder Verlangsamung von Transaktionen), so besteht die Gefahr des Verlustes von Umsatz, Image und Kunden.

Die verbreitetste Klasse von Angriffen ist **Denial-of-Service**. Hierbei werden Systemressourcen (Speicher, CPU-Zeit, Plattenplatz) durch einen manipulierten Prozeß monopolisiert. Eine genaue Gliederung solcher Angriffe liefert Howard[119]. Ein Beispiel dieser Klasse ist Syn Flooding[120]. Hier werden TCP/IP-Pakete an den Server gesendet, die einen Verbindungsaufbau initiieren, allerdings nur die ersten beiden von insgesamt drei nötigen Paketen. Dies führt zur Zuweisung von Puffer (s. Kap. 3.5, S.27) für jede der geöffneten Verbindungen bis zum Ablauf des eingestellten time-out. Während der Wartezeit kann der Server keine weiteren aktiven Verbindungen mehr aufbauen, er ist für echte Anfragen nicht erreichbar.

Andere Methoden sind das Senden **übergroßer IP-Pakete**, die manche Betriebssystemversionen zum Absturz bringen (Ping of Death, Teardrop) oder die vollständige Belegung des Plattenplatztes eines Mailservers durch eine große Anzahl von E-Mails mit umfangreichem Anhang (**Mailbombe**). Gelingt es einem Angreifer, in einen Rechner einzudringen oder einen **Virus** bzw. ein bösartiges Java- oder ActiveX-Applet[121] einzuschleusen, so kann er auch kritische Systemdateien löschen (**Dateizerstörung**), ohne die eine Fortsetzung des Betriebes nicht möglich ist.

Auch Clients sind anfällig für Manipulationen, die das System durch Speicherallokation zum Absturz bringen. So ist es mit JavaScript und Java möglich, einen **Browserabsturz** zu provozieren, indem z.B immer neuer Fenster geöffnet oder Fibonacchi-Funktionen berechnet werden, die den Prozessor überlasten[122].

---

und Daten einzusehen, die Millionen Mark wert sein können. Beides ist auf den zahlreichen Hosts, die private Homepages speichern, nicht gegeben.

[118] Dem CERT wurde 1998 ein Vorfall gemeldet, bei dem sich nachträglich herausstellte, daß mehr als 250.000 Internetrechner systematisch nach Schwachstellen abgesucht wurden. In: ftp://ftp.cert.org/pub/cert_summaries/cs-98.06

[119] vgl. Howard (1997)

[120] vgl. GARFINKEL (1997), S. 57

[121] hier ist die Gefahr besonders hoch, s. Kap. 4.3.3

[122] vgl. GARFINKEL (1997), S. 61

Greift ein Client auf Internetrechner zu, so besteht ferner die Gefahr, daß ein Angreifer **URL-Spoofing** betrieben hat. Dabei werden die DNS-Tabellen (s. Kap. 3.2.2, S.20) so manipuliert, daß die logische Netzwerkadresse nicht der echten IP-Adresse zugeordnet wird, sondern derjenigen des Angreifers. Dieser wiederum installiert auf seinem Server eine Kopie der echten WWW-Seiten, sammelt Paßworte von gutgläubigen Nutzern und verwendet sie anschließend selbst.

WWW-Browser ermöglichen außerdem durch das Plug-in-Konzept die Darstellung beliebiger Dateiformate (s. Kap. 4.2.3, S. 37). Dies bedeutet immer die Ausführung von Daten aus dem Internet durch die jeweilige, dem Browser assoziierte Hilfsapplikation. Hat eine der erlaubten Applikationen weitreichende Handlungsrechte auf dem Client (z.B. Büroanwendungen mit integrierten Script- oder Makrosprachen), so besteht ebenfalls die Gefahr, daß Dateien ausgespäht, gelöscht oder überschrieben werden.

Die **Integritätsverletzung** eines kommerziell genutzten Servers ist besonders shwerwiegend, da die Folgen nicht sofort offensichtlich sind, wie es bei einem Ausfall des Servers der Fall wäre. Sie kann bestehen in der

- Veränderung der Administratorenrechte als Basis für spätere Angriffe
- Löschung oder Beschädigung von Systemdateien[123]
- Veränderung von Preisen in einer Datenbank
- Löschung, Änderung oder Beschädigung von Kundendaten
- Orderplazierung unter Umgehung der Zahlung
- Veränderung von Orderdaten anderer Kunden und der
- Markierung eigener Bestellungen als Retoure und Auslösung von Kaufpreiserstattungen.

Wenn unbefugte Dritte einen erfolgreichen Angriff auf die **Vertraulichkeit** der Daten auf einem Server oder einem Client ausführen, so können Unberechtigte in den Besitz von

- Paßwörtern
- Geschäftsgeheimnissen
- Daten über die eigenen Kunden (Kaufverhalten, Kreditkartennummern, Preise & Konditionen) sowie
- Informationen über das Kaufverhalten von Kunden kommen.

Die Folgen können von Imagebeschädigung und Umsatzverlust bis hin zum Verlust der Basis der Geschäftstätigkeit reichen.

[123] z.B. durch Speicherschutzverletzungen mit anschließendem Systemabsturz.

## 5.6.3 Gegenmaßnahmen

### 5.6.3.1 Firewalls

Die oben beschriebenen Angriffe erfordern den Zugriff auf Rechner im internen Netz und können durch den Einsatz von Firewalls[124] erschwert werden. Eine Firewall ist

> „...eine Schwelle zwischen zwei Netzen, die überwunden werden muß, um Systeme im jeweils anderen Netz zu erreichen. Es wird dafür gesorgt, daß jede Kommunikation zwischen den beiden Netzen über den Firewall geführt werden muß. Auf dem Firewall sorgen Zugriffskontrolle und Audit dafür, daß das Prinzip der geringsten Berechtigung durchgesetzt wird und potentielle Angriffe schnellstmöglich erkannt werden."[125]

In der Definition erscheint zweimal das Begriffspaar „zwischen" „Netzen". Dies entspricht der deutschen Übersetzung von „Internet" und auch dem Charakter des Internet als „Netz aus Netzen". Sie läßt erkennen, daß Firewalls die wichtigste Komponente bei der Realisierung von Internet-Sicherheit darstellen.

Firewalls können aus drei Bausteinen bestehen:

- **Paketfilter** wirken auf der Netzwerkschicht (ISO/OSI) bzw. der Internet-Schicht (DoD). Sie können IP-Pakete nach Kriterien wie Sende-/Empfangsadresse, angesprochene Ports und benutzte Protokolle filtern. Vorteilhaft sind die einfache Konfigurierbarkeit und die Möglichkeit, die bereits vorhandenen Router zum Filtern zu nutzen. Nachteilig ist das Fehlen einer Berichtsfunktion („Audit"), der nur indirekten Kontrolle über verwendete Protokolle (über Portnummern) sowie die weiterhin direkte Erreichbarkeit von internen Rechnern.
- **Proxy Application Gateways** setzen auf der Prozeß/Applikationsschicht (DoD) auf, die der Anwendungsschicht (ISO/OSI) entspricht. Ein solcher Gateway kann sog. Proxy-Dienste bereitstellen (s. Kap. 4.2.3, S. 37). Dazu nimmt er Verindungsanfragen von außen mit eigenen Serverprogrammen an (WWW-Proxyserver, Mail-Proxyserver), prüft diese anhand der Adresse und/oder der Authentifizierung und baut je nach Ergebnis der Prüfung die gewünschte Verbindung zu dem internen Rechner auf oder verweigert sie. Dabei kann ein Proxy im Gegensatz zu Paketfiltern interne IP-Adressen gegenüber dem anfragenden Client verbergen, eigene Authentifizierungsmechanismen bereitstellen, wiederkehrende Anfragen aus einem Cache bedienen sowie den Netzwerkverkehr für Analysen aufzeichnen („Logging").
- **Bastion Hosts**[126] sind speziell abgesicherte Rechner im LAN, die für Anfragen aus dem internet als einzige Rechner des LAN erreicht werden können. Auf ihnen laufen

[124] engl.: Brandschutzmauer

[125] vgl. Ellermann (1995), node2.html

[126] vgl. Ellermann (1995), node7.html. Auch „hardened firewall hosts" genannt (KALAKOTA (1997), S. 5-5).

ausschließlich besonders sichere Betriebssysteme und Serversoftware[127], auf Konfiguration und Überwachung wird größten Wert gelegt. Ein Proxy Application Gateway läuft meist auf einem solchen Rechner.

Aus diesen Bausteinen können verschiedene Firewall-Topologien aufgebaut werden. Dabei kommt es auf ausreichende Flexibilität einerseits und ein hohes Maß an Sicherheit andererseits an. So ist etwa der Grundsatz „alles, was nicht explizit erlaubt ist, ist verboten" zwar sehr sicher, aber gleichzeitig wenig flexibel, wenn Ports, die aus dem LAN heraus genutzt werden sollen, nicht zur Verfügung stehen, obwohl sie nicht zu den bekannt „gefährlichen" Ports zählen. Firewall-Topologien werden z.B. in Ellermann (1995) genauer beschrieben.

#### 5.6.3.2 Konfiguration und Betrieb des Server

Jeder Internet-Server sollte entsprechend den folgenden Regeln konfiguriert werden:

- Limitierung von fehlgeschlagenen Anmeldeversuchen
- Beschränkung der laufenden Dienste auf das absolut notwendige Maß
- Einsatz der neuesten Software-Versionen sowie
- Ständiger Einsatz von Antivirensoftware.

#### 5.6.3.3 Organisation und Werkzeuge

Alle vorgestellten Methoden zur Realisierung von Transaktions- und Ressourcensicherheit können ihre Wirkung nur dann entfalten, wenn ihr Einsatz aufgrund und entsprechend einer dedizierten Sicherheitsstrategie erfolgt. Dazu muß für alle Transaktionen und Ressourcen festgelegt werden,

- wie kritisch deren Sicherheit ist
- wer als Berechtigter gilt
- mit welchem Aufwand die Sicherung betrieben werden soll und
- wer für die Durchsetzung dieser Maßnahmen verantwortlich ist.

Zwei verbreitete Arten von Werkzeugen zur Überwachung von Netzwerken sind Netzwerkscanner und Integritätsprüfer. **Netzwerkscanner** überprüfen ein Netzwerk auf bekannte Sicherheitslücken. Das bekannteste, wenn auch nicht das mächtigste Werkzeug ist das Security Administrator Tool for Analyzing Networks (SATAN)[128]. **Integritätsprüfer** melden Veränderungen am System, z.B. die Veränderung von Lese-

[127] d.h. in der Regel ein UNIX-Betriebssystem

[128] siehe http://www.cs.purdue.edu/coast/satan.html

und Schreibrechten an Dateien. Sind diese nicht vom Systemverwalter vorgenommen worden, hat möglicherweise ein Einbruch stattgefunden.

# 6 Zahlungssysteme

## 6.1 Typologie und Eigenschaften

Märkte können nur dann funktionieren, wenn es möglich ist, Preise mit Allokations- und Signalfunktion für die gehandelten Güter anzugeben[129]. Ohne ein Geldsystem ist es nicht möglich oder wirtschaftlich nicht sinnvoll, **Preise** anzugeben. Die Transaktionskosten eines Preissystems sollen im Vergleich zum erwarteten Nutzen des Produktes möglichst klein sein. Ist dies nicht der Fall, werden Käufe verhindert, die an sich wirtschaftlich und wünschenswert sind. Jedes Zahlungssystem läßt sich in eine der folgenden Kategorien einordnen:

1. **Netzunabhängig:** Herkömmliche Zahlungsverfahren („Offline-Zahlung")
2. **Kreditsystem**: Ausgabe einer Zahlungskarte und Einräumung eines Kreditrahmens. Authentizitätsprüfung anhand der Kartennummer, des Ablaufdatums und des Inhabernamens. Die Zahlungsautorisierung erfolgt aufgrund des verbliebenen Verfügungsrahmens (=Guthaben+Kreditrahmen)
3. **Guthabensystem:** Speicherung vorausbezahlter digitaler Werteinheiten beim Käufer, Händler, einem Intermediär oder einer Bank. Das Guthaben kann über herkömmliche Transaktionen aufgefüllt werden. Bei offenen Systemen (nicht Händlerspezifisch) muß jede Werteinheit auf mehrfache Ausgabe überprüft werden
4. **Elektronische Überweisung**: Benutzung eines Gateway zur Auslösung von Zahlungen im herkömmlichen Bankennetz.

Im E-Commerce hat sich besonders im Verlagsbereich die Erkenntnis durchgesetzt, daß Internet-„Kunden" kaum bereit sind, für die angebotenen *Inhalte* zu bezahlen. Dieses Phänomen („Freebie" -Wirtschaft[130]) stammt aus den Anfangstagen des Internet, als es weder Sicherheitsprotokolle noch Zahlungssysteme gab. Die Existenz eines universellen, digitalen Zahlungssystems mit geringen Transaktionskosten könnte den Übergang auf eine Geldwirtschaft bedeuten. Die digitalen Zahlungssysteme sollen wegen ihrer Bedeutung für den Electronic Commerce in den nächsten Kapiteln ausführlich besprochen werden.

---

[129] Die Allokationsfunktion soll dafür sorgen, daß die Produktionsfaktoren in die gesamtwirtschaftlich produktivsten Verwendungen fließen. Die Signalfunktion zeigt relative Knappheiten an, die nachfragesteuernd wirken.

[130] Internet-Slang für alles, was kostenlos ist. Das kostenlose Angebot muß über andere Aktivitäten finanziert werden. Aufwand und Qualität hängen also nicht von der Wertschöpfung für die Nutzer und deren Zahlungsbereitschaft ab, sondern vom Umfang der anderen Aktivitäten.

## 6.2 Auswahl eines Zahlungssystems

Bei der Entscheidung für ein Zahlungssystem müssen folgende Fragen beantwortet werden:

1. Netzunabhängig oder digitales System ?
2. Welches der angebotenen Systeme ?

Für die Beantwortung der ersten Frage ist die Art der gehandelten Produkte maßgeblich[131]. Bei in Abwesenheit bestellten Waren ist es üblich, erst nach Erhalt und Prüfung auf vereinbarte Eigenschaften oder Eignung zu bezahlen. Tabelle 10 nennt die Vor- und Nachteile der herkömmlichen Zahlungsmethoden.

**Tabelle 10: Vor- und Nachteile herkömmlicher Zahlungsmethoden**

| Methode | Vorteile | Nachteile |
|---|---|---|
| Barzahlung | Einfach, beliebig teilbar, verbreitet, Anonymer Kauf, verzögerungsfrei, kein Zahlungsausfallrisiko | Transaktionskosten, kein Ersatz bei Verlust, ideal für Geldwäsche geeignet, da Empfänger anonym bleiben kann. |
| Verrechnungs-scheck | Ersatz bei Verlust, Empfänger nicht anonym | Verzögerung, Transaktionskosten, Käufer nicht anonym |
| Bankeinzug | Einfachheit, geringe Transaktions-kosten | Verzögerung, Zahlungsausfallrisiko (Widerruf des Käufers möglich) |
| Rechnung | Sicherheit, Beweisbarkeit, Zahlungs-ausfallrisiko | Transaktionskosten, Verzögerung, Zahlungsausfallrisiko, Bindung an Adresse |
| Nachnahme | Einfachheit, Kein Zahlungsausfallrisi-ko, | Transaktionskosten, Bargeld oder Scheck muß vorhanden sein, Bindung an Adresse |

Alle Verfahren sind zudem mobil einsetzbar, d.h. nicht an bestimmte Geräte gebunden. Die Hauptnachteile sind hohe Transaktionskosten, die auftretende Zeitverzögerung, fehlende Käuferanonymität und das Zahlungsausfallrisiko. Die Zeitverzögerung zwischen Erhalt und Bezahlung des Produktes ist bei der Offline-Zahlung von *materiellen* Produkten kein Nachteil, denn wenn der Käufer ein Rückgaberecht hat, so wird er ohnehin nur ungern sofort zahlen.

Verzügerungen sind bei *immateriellen* Produkten problematisch, da es keine Rückgabemöglichkeit gibt[132]. Dem Käufer wird oft vorab die testweise, eingeschränkte

[131] Diese sollen im folgenden in materielle Produkte (Waren) und immaterielle Produkte (Information, Rechte, Dienstleistungen) gegliedert werden.

[132] Der anschließende Verzicht auf die Nutzung ist nicht kontrollierbar.

Nutzung ermöglicht[133]. Der Händler gibt mit der Auslieferung des uneingeschränkten Produktes das Nutzenpotential unwiderruflich in die Hand des Käufers, weshalb er in diesem Fall stark an der sofortigen Zahlung („finale Zahlungsweise") interessiert ist.

Ein ideales digitales Zahlungssystem vereinigt im Idealfall die Vorteile der herkömmlichen Verfahren, während es deren Nachteile vermeidet (s. Tabelle 10). Trotz der Nachteile der herkömmlichen Zahlungssysteme sind sie im Electronic Commerce weit verbreitet. Ferner bauen alle digitalen Zahlungssysteme auf ihnen auf oder sind auf sie zur Deponierung und Abhebung von Guthaben angewiesen.

Zu ihrer Bewertung müssen die **Eigenschaften** klassifiziert werden. Die Forderungen nach Sicherheit, Wirtschaftlichkeit und Bequemlichkeit sind in Tabelle 11 konkretisiert:

[133] Testversionen von Software (Shareware), Vorschau auf Bilddatenbanken, Auszüge von Büchern/Zeitschriften

**Tabelle 11: Eigenschaften eines idealen digitalen Zahlungsmittels**

| | |
|---|---|
| Sicherheit aus Händlersicht | Authentifizierung des Käufers<br>Vertraulichkeit, Integrität, Beweisbarkeit<br>erschwerte Fälschung der Werteinheiten<br>garantierte, endgültige Zahlung |
| Sicherheit aus Käufersicht | Authentifizierung des Händlers[134]<br>Vertraulichkeit, Integrität, Beweisbarkeit<br>Diebstahlschutz<br>vorläufige Zahlung (Storno bei fehlerhafter Lieferung)<br>Anonymität (Schutz der Privatsphäre, „Datenschutz") |
| Wirtschaftlichkeit: | angemessene Transaktionskosten<br>wenig beteiligte Wirtschaftseinheiten<br>keine Online-Verifizierung |
| Bequemlichkeit: | kein Medienbruch[135]<br>Schnelligkeit<br>intuitive Bedienung<br>garantierte und breite Akzeptanz (Verbreitung)<br>Mobilität<br>Eignung für Gelegenheitseinsatz<br>beliebige Teilbarkeit<br>Währungsunabhängigkeit<br>Weitergabe an beliebige andere Personen |

In den folgenden Kapiteln werden die wichtigsten Zahlungssysteme für digitale Netze unter diesen Apekten dargestellt und untersucht.

## 6.3 Kreditkartensysteme

[134] Dieses Sicherheitsbedürfnis teilt der Käufer mit staatlichen Organen, die Geldwäsche über anonyme Transaktionen erschweren möchten.

[135] Bei allen digitalen Zahlungssystemen naturgemäß gegeben.

### 6.3.1 Kreditkarte mit SSL

Der Begriff *Kredit*karte wird unabhängig davon benutzt, ob es sich um eine echte Kreditkarte oder um eine Debitkarte handelt. Der Kauf durch unverschlüsselte Übertragung der Kartendaten per HTML-Formular wird nicht gesondert besprochen. Der Kauf über eine Kreditkarte unter Benutzung des SSL-Sicherheitsprotokolls (s. Kap. 5.2.1.4, S. 52) besteht aus den folgenden Schritten:

1. Der Client baut eine SSL-verschlüsselte Verbindung zum Händlerserver auf
2. Der Karteninhaber sucht die gewünschten Produkte und die Versandart aus
3. Der Server oder eine auf dem Client laufende Software zeigt den ausgefüllten Bestellschein an, auf dem alle Angaben wiederholt werden und der Endpreis angezeigt wird
4. Der Käufer wählt die zu benutzende Kreditkarte aus und sendet Postadresse, E-Mail Adresse, Kartennummer und Ablaufdatum an den Verkäufer
5. Der Server des Händlers stellt eine Anfrage auf Validität und Kontendeckung bei einem Server des kartenausgebenden Finanzinstitutes und vergleicht die Lieferadresse mit der Adresse des Karteninhabers
6. Falls die Anfrage positiv beantwortet wird, sendet der Verkäufer eine Auftragsbestätigung an die E-Mail-Adresse des Käufers, belastet die Karte mit dem Kaufpreis und versendet die Ware.

Die Kreditkartenzahlung ist das im E-Commerce am weitesten verbreitete Zahlungsverfahren. Der einzige Sicherheitsnachteil besteht in der Speicherung der Kartendaten auf einem Händlerserver und in der fehlenden Anonymität. Ihr größter Nachteil sind die hohen Kosten, die sie insbesondere für große Beträge (wegen umsatzabhängiger Gebühren) und Transaktionen unter 20 DM (wegen Mindestgebühren) uninteressant machen. Die hohen Kosten resultieren aus der Einstufung des Internet in die höchste Risikostufe und damit Gebührenkategorie[136]. Zudem können nur registrierte Händler Zahlungen empfangen und es ist eine teure und u.U. überlastete Online-Verbindung zum Kartenausgebenden Institut nötig.

### 6.3.2 Kreditkartenalias

Bei diesem System wird die eigentliche Zahlung durch einen Intermediär vorgenommen, bei dem Käufer und Händler je ein Konto führen. Dadurch wird vermieden, daß die Kreditkartendaten des Käufers über das Internet transportiert werden. Der Käufer erhält

[136] Internet-Transaktionen zählen zur „MOTO"-Klasse (Mail Order/Telephone Order), was im Gegensatz zu „face-to-face" Transaktionen mit höherem Zahlungsausfallrisiko behaftet ist. Diese Einstufung wurde selbst nach der Einführung des Adress Verification System AVS beibehalten, wobei die Lieferadresse mit der Adresse des Karteninhabers verglichen wird. Zusätzlich kann das Ausfallrisiko durch die Fax-Übermittlung der Kreditkarte veringert werden. Damit tritt jedoch ein Medienbruch auf. Wenn nur eine Telefonleitung vorhanden ist, muß die Internetsitzung unterbrochen werden.

auf dem Postweg oder per Fax eine Geheimnummer, die als Alias für die Kreditkartennummer dient. Ein solcher Kauf läuft so ab:

1. Der Käufer bestellt ein Produkt an und übermittelt seine Alias-PIN
2. Der Händler macht eine Anfrage beim Transaktionsserver des Intermediärs nach der Gültigkeit der PIN
3. Der Intermediär identifiziert über die PIN den zugehörigen Käufer und prüft bei einem Transaktionsserver des kartenausgebenden Institutes den Verfügungsrahmen
4. Ist die Antwort positiv, so erhält der Händler eine signierte E-Mail des Intermediärs und liefert die Ware aus. Der Käufer hat die Gelegenheit, die Ware zu testen bzw. kann sofort auf die gekaufte Information zugreifen
5. Der Käufer erhält eine E-Mail vom Intermediär mit der Bitte um Enscheidung, ob die Zahlung erfolgen soll
6. Bei positiver Antwort wird die Kreditkarte des Käufers durch den Intermediär belastet
7. Nach Ablauf der Kreditkarten-Widerspruchsfrist überweist der Intermediär dem Verkäufer den Kaufpreis abzüglich seiner Transaktionsgebühren.

Die Käufer-PIN wird auf einem Rechner gespeichert, der nicht mit dem Internet verbunden ist. Aus diesem Grunde kann die PIN unverschlüsselt übertragen werden. Selbst mit Kenntnis der PIN müßte ein Unberechtigter zusätzlich die Lieferadresse verändern, die Bestätigungs-Mail abfangen und die E-Mail-Adresse des Käufers fälschen. Da dieses System überwiegend für den Verkauf von Information verwendet wird, ist der Warenwert eher gering, zudem hat der berechtigte Käufer die gekaufte Information bereits erhalten. Dieses Verfahren wird z.B. von der First Virtual Holdings verwendet[137].

Das Problem des möglicherweise ungesicherten Händlerservers wird vermieden[138], und der Bereich der möglichen Zahlungen beginnt bereits bei 31 US-Cents[139]. Die Transaktionskosten sind bei Kleinbeträgen niedrig, liegen jedoch bei mittleren und großen Beträgen im Bereich der Kreditkarten (2% vom Umsatz). Obwohl es als eines der wenigen neuen Systeme bereits kommerziell eingesetzt wird, hat es nur geringe Verbreitung erlangt. Zudem ist es für materielle Produkte nur bedingt geeignet.

First Virtual hatte eine prominente Position im Bereich der sicheren Online-Zahlungssysteme, da es der erste Anbieter eines sicheren Zahlungssystems war[140]. Es konnte sich

---

[137] vgl. http://www.firstvirtual.com

[138] Das Problem existiert unabhängig von verwendeten Sicherheitsprotokollen. Bei einer freien Agentur der Norddeutschen Klassenlotterie waren z.B. im April 1998 die Kreditkartendaten von 34 Kunden und Interessenten über einen URL im Seitenquelltext einer öffentlichen Seite lesbar; vgl. IW (06/98)

[139] vgl. http://www.fv.com/faq/faq-selling.html

[140] vgl. ZAKON (1998)

jedoch am Markt nicht durchsetzen[141]. Ursache ist die heutige Verfügbarkeit von sicheren Verschlüsselungsverfahren. Dies war bei der Entwicklung des Systems im Jahre 1994 nicht absehbar. Der Aufbau des Systems auf E-Mail rührt von der damals geringen Verbreitung des WWW her (weltweit ca. 10.000 Server, s. Kap. Tabelle 3).

### 6.3.3 SET

Das **S**ecure **E**lectronic **T**ransaction Protokoll ist wie SSL ein Protokoll, welches mehrere Sicherheitsfunktionen in sich vereinigt. SET ist ausschließlich für die Verschlüsselung von Kreditkartenzahlungen spezifiziert. Dies hat den Vorteil, daß sich damit keine frei wählbaren Textnachrichten verschlüsseln lassen, so daß für die verwendeten, sicheren Schlüssellängen Exportgenehmigungen der US-Regierung vorliegen. SET entstand auf Druck der beteiligten Kreditkartenunternehmen aus den Protokollen STT (Secure Transaction Technology von VISA und Microsoft) sowie SEPP (Secure electronic payment protocol, MasterCard, IBM und Netscape). Alle Unternehmen unterstützen nun den aktuellen Standard SET 1.0.

SET bietet die Funktionen

- Käuferauthentifizierung (Pflichtbestandteil) und Verbindlichkeit durch eine duale Signatur und Zertifizierung durch eine **C**ertificate **A**uthority (CA)
- Händlerauthentifizierung durch Signatur und Zertifizierung durch eine CA
- Authentifizierung des beteiligten Garteway-Programmes durch eine CA
- Vertraulichkeit durch eine Kombination aus asymmetrischer und symmetrischer Verschlüsselung
- Integrität durch zertifizierte öffentliche Schlüssel und die genannten Signaturen auf Bank- Händler und Käuferseite.

Im Gegensatz zu SSL, welches ein verbindungsorientiertes Protokoll ist (d.h. die gesamte Sitzung wird verschlüsselt) ist SET transaktionsorientiert. Es bietet definierte Nachrichtenfelder für jede Transaktion an und ist daher besonders für die Zusammenarbeit mit existierenden Banken-Netzwerken geeignet.

Wegen der Realisierung aller wichtigen Sicherheitsmerkmale kann SET als sehr sicher bezeichnet werden. Weitreichende Herstellerunterstützung und starke Verschlüsselung machen SET zum aussichtsreichsten Standard für sichere Zahlungssysteme im Electronic Commerce. Es ist der einzige herstellerübergreifende Standard für sichere Kreditkartentransaktionen und befindet sich vereinzelt bereits vereinzelt im kommerziellen Einsatz[142]. Der Einsatz ist jedoch nicht auf das business-to-consumer

---

[141] Während FV im September 1997 die VirtualPIN als einziges Produkt anbot, tritt sie im April 1998 mit geändertem Logo als „The Messaging Company" auf. Der Kurs der Aktie fiel von September 1997 bis Ende April 1998 um 90% auf 65¢, bei Verlusten von 0,42¢ je Aktie im laufenden Geschäftsjahr.

[142] z.B. Karstadts virteulles Einkaufszentrum „www.my-world.de", die Electronic Mall Bodensee (EMB) und Wal-Mart (die größte US-Supermarktkette, die die deutsche Wertkauf übernommen hat).

Geschäft beschränkt. So hat die U.S. Treasury's Financial Management Services (FMS)[143] ebenfalls einen Pilotversuch zur Implementierung von SET begonnen:

> „We believe SET will be an important technology in making it easier for citizens and businesses to transact with the government." [144]

Zudem ist bereits das erste Softwarepaket erschienen, welches unter SET zwei weitere Vorteile realisiert, nämlich die Zahlung von Kleinstbeträgen und die zentrale Softwareverteilung. Dabei werden in Form einer javabasierten Geldbörse alle gewünschten Zahlungsformen zusammengefaßt. Diese beinhalten neben Kreditkarten auch die Zahlung von Kleinbeträgen sowie elektronische Überweisungen[145].

## 6.4 Elektronisches Geld

### 6.4.1 Einführung

Alle Systeme des elektronischen Geldes imitieren das bewährte System „Bargeld". Es geht um die effiziente Bezahlung mittlerer, kleiner und kleinster Beträge. Neben den Universalsystemen mit Höchstbeträgen von mehreren Hundert Mark[146] sind *Micropaymentsysteme* (0,1 Cent bis einige Dollar) für die Bezahlung von Informationen gedacht, größere Beträge können durch mehrfache Zahlung des Höchstbetrages bezahlt werden. Informationsanbieter können damit Preise von Pfennigbruchteilen bis hin zu einigen hundert Mark angeben und kassieren. Sobald elektronisches Geld die Pilotversuche erfolgreich abgeschlossen hat, sind neue Geschäftsmodelle möglich:

- **Nutzungsgebühren für Software**: Ein Browser-Hersteller kann einige Dollar für jeden Download berechnen. Die Nutzung von Applets kann vom Programmierer je Benutzung berechnet werden
- **Elektronische Dienstleistungen:** Die Nutzung einer Datenbank für Rechtsfragen kostet 20 Mark je Antwort, ein Internet-Suchdienst erhebt für jede Suchanfrage eine Gebühr von 0,2 Pfennig[147]
- **Beförderungsvorrang**: An TCP/IP-Pakete kann nach entsprechender Erweiterung des Standards ein Budget angehängt und auf dem Weg zum Ziel von den Netzknoten abgebucht werden; diese Pakete erhalten dadurch Beförderungsvorrang

[143] Diese Abteilung des US-Finanzministeriums veranlaßt jährlich 850 Millionen Zahlungen für Beschaffungen und zieht jährlich 1 Billion US$ Steuern ein.

[144] vgl. Grippo (1997)

[145] vgl. Brokat (1997)

[146] z.B. bei Ecash im Pilotprojekt bis 400 DM

[147] Bei den heute üblichen 30 Millionen Anfragen täglich und 0,2 cents je Anfrage ist ein Erlös von 12,2 Mio. DM jährlich erreichbar.

- **Steuerung von Werbe-Aufmerksamkeit**: Für den Empfang von Werbung bzw. das Anklicken auf ein Werbebanner leistet der Sender an den Werbebetrachter eine Zahlung
- **Informationshandel:** Pressetitel, Bildarchive, Kleinanzeigenmagazine, Datenbanken, Hochschulen und private Homepages können ihre Inhalte auf pay-per-view-Basis zugänglich machen.

Heute werden kleine Beträge oft von Telekommunikationsdienstleistern über spezielle, gebührenpflichtige Telefonnummern im Auftrag der Informationsanbietern erhoben und bei den Käufern über die Telefonrechnung eingezogen. Dabei werden bis zu 50% des Umsatzes als Transaktionskosten einbehalten. Die Einführung von elektronischem Geld hätte also erhebliche Konsequenzen für diesen Geschäftsbereich.

Die Zahl der vorhandenen oder in der Entwicklung befindlichen digitalen Zahlungssysteme ist groß; deshalb kann in dieser Arbeit nicht jedes der Systeme vorgestellt werden. In den folgenden beiden Kapiteln sollen deshalb nur die folgenden Systeme exemplarisch vorgestellt werden:

- Subscriber-Lösungen
- Ecash von Digicash sowie
- MilliCent von Digital Equipment Corp.

### 6.4.2 Subscriber-Lösungen

Subscriber-Lösungen bestehen in der Einrichtung eines festen Verrechnungskontos bei einem Händler, welches über Kreditkartentransaktionen oder netzunabhängige Zahlungen aufgefüllt wird. Bei jedem Kauf bucht der Händler den entsprechenden Betrag beim internen Konto des Käufers ab.

Die Sicherheit solcher Lösungen ist Händlerabhängig, Anonymität ist nicht gewährleistet. Die Performance ist hoch, da es nur zwei Beteiligte gibt. Die Abwesenheit von Intermediären sorgt zudem für konkurrenzlos niedrige Transaktionskosten. Der Nachteil von Subscriber-Lösungen ist die Begrenzung des Systems auf Stammkunden. Oft wird von den Betreibern ein gewisser Mindestumsatz gefordert [148]. Die Verbreitung der Systeme ist hoch, sie sind jedoch nicht untereinander kompatibel. Ein Käufer wird aus Gründen der Übersichtlichkeit und Kapitalbindung nur wenige solcher Konten einrichten, weshalb sie nur als Insellösung geeignet sind.

---

[148] z.B. beim größten deutschen WWW-Datenbankanbieter, GBI (http://www.gbi.de). Hier sind Volltextarchive zahlreicher Zeitungen, Fachpublikationen und Brancheninformationsdienste zugänglich. Der Grundpreis beträgt 10 DM/Monat, die bei Kosten von 3-5 DM je Artikel jedoch schnell erreicht sind.

### 6.4.3 Ecash: Universelle Lösung

Die bisher besprochenen Zahlungsmittel sind entweder auf eine bestimmte Art von Transaktion spezialisiert, erst ab einem bestimmten Transaktionsbetrag wirtschaftlich sinnvoll einsetzbar oder wenig verbreitet. Zudem können Zahlungen nur an registrierte Händler geleistet werden. Zum idealen digitalen Zahlungssystem bleiben also noch Wünsche offen. Die verbleibenden Lücken verspricht das System „Ecash" des holländischen Unternehmens Digicash b.v. zu schließen.

Ecash ist ein auf virtuellen Münzen basierendes, währungsgebundenes System. Händler und Käufer richten bei einem Intermediär (das kann jede vertrauenswürdige Institution, z.B. Bank oder Provider sein) ein Ecash-Konto ein, welches über andere Zahlungssysteme aufgefüllt wird. Der Erwerb der digitalen Münzen geht folgendermaßen vor sich:

1. Der Client erzeugt eine zufällige Seriennummer[149] und signiert diese mit seinem privaten Schlüssel. Die signierte Seriennummer stellt nun einen digitalen Münzrohling dar
2. Der Münzrohling wird mit einem Blindfaktor vom Client anonymisiert und somit in einem geschlossenen „digitalen Umschlag" an den Intermediär geschickt.
3. Der Münzrohling wird durch den verschlossen Umschlag hindurch mit dem privaten Schlüssel des Intermediärs signiert[150] und damit in eine gültige Ecash-Münze verwandelt. Weil sich die Rohlinge in einem geschlossenen Umschlag befanden, als sie signiert wurden, weiß der Intermediär nicht, wessen Münzen er signiert hat. Die signierten Rohlinge werden an den Client zurückgesendet
4. Der Client-Rechner entfernt den Blindfaktor (d.h. den digitalen Umschlag) und speichert die Münze in der Geldbörse des Käufers.

Ein Kauf verläuft in den folgenden Schritten:

1. Der Käufer wählt die Produkte aus, seine elektronische Geldbörse übermittelt die Münzen an den Händler und nimmt Wechselgeld entgegen
2. Der Zahlungsempfänger prüft die Echtheit der übermittelten digitalen Banknote mit dem öffentlichen Schlüssel des Herausgebers und übermittelt sie an die Bank
3. Dort wird die Signatur abermals geprüft, die Seriennummer mit der Datenbank der bereits ausgegebenen Münzen abgeglichen und der Betrag dem Händlerkonto gutgeschrieben
4. Der Händler übermittelt das Produkt und eine signierte Quittung.

[149] Bei Digicash hat sie 100 Ziffern, um die Möglichkeit doppelt erzeugter Seriennummern zu minimieren.

[150] Für jeden Münznennwert gibt es eine eigene Signatur

Der Käufer kann bei der Zahlung durch einen Blindfaktor einseitig anonym bleiben, da die Bank weiß, wer wieviele Münzen gekauft hat, aber nicht, woher die Münzen kommen, die ein Händler seinem Konto gutschreiben läßt. Auch der Händler kennt die Herkunft der Münzen nicht. Beide Parteien wissen nur, daß die verwendeten Münzen echt sind. Durch die Signaturen ist ferner die Beweisbarkeit für alle Beteiligten gegeben, was die Verwendung für kriminelle Zwecke (Steuervermeidung, Schwarzarbeit, Bestechung, Geldwäsche) erschwert. Ein Zahlender kann unter Aufgabe seiner Anonymität aufgrund der signierten Händlerquittung nachweisen, daß eine Person seine Zahlung erhalten hat.

Seit 1994 laufen mehrere Pilotversuche mit Ecash, so daß heute digitale Münzen in den Währungen US-Dollar, Mark, Finnmark, australische Dollar, Yen, Schilling und norwegischen Kronen verfügbar sind. In Deutschland werden die Konten in „Ecash-DM“ von der Deutschen Bank als Pilotpartner verwaltet. An dem Pilotversuch nehmen ca. 35 Händler teil, darunter eine Shopping Mall mit 500.000 Artikeln, eine Versicherung, eine Konditorei, eine Wirtschaftsdatenbank, ein Pferdewette-Anbieter sowie ein Softwarehaus. Diese Vielseitigkeit und die Potenz des Bankpartners lassen Ecash als aussichtsreiches System erscheinen. Es ist das einzige elektronische Geldsystem, für das bereits langlebige Konsumgüter gekauft werden können. Im deutschen Pilotversuch reicht die Zahlungsbandbreite von 10 Pfennig bis 400 DM.

Bemerkenswert ist neben der vorbildlich realisierten Anonymität des Käufers, daß Ecash theoretisch auch ohne Bank auskäme. Es muß nur eine vertrauenswürdige Institution geben, denen sowohl Händler als auch Käufer ihre Verrechnungskonten anvertrauen. Das könnten außer Banken auch Online-Dienste, Provider und Softwareunternehmen sein. Zahlungen können direkt an andere Personen geleistet werden, die ihre Münzen ohne Umwege über die Bank wieder ausgeben können.

Problematisch ist die Notwendigkeit einer Datenbanken mit den Seriennummern aller jemals benutzten Münzen sowie die Währungsgebundenheit. Zudem handelt es sich um ein Online-System, bei dem es zu Engpässen kommen kann.

### 6.4.4 MilliCent: Micropayment

Liegt der Wert eines angebotenen Produktes im Pfennigbereich[151], eignen sich sog. Micropayment-Systeme wie „MilliCent“ [152]. Damit sind Zahlungen von 0,1 Cent bis 5 US$ möglich. Als Zahlungsmittel dienen verkäuferspezifische Wertgutscheine („Scrip“), welche bei Brokern erworben können. Sie generieren die Gutscheine in Lizenz des Verkäufers und erhalten dafür eine Provision in Höhe von 2-10% des Nennwertes. Auf dem Client ist eine Geldbörse („wallet“) installiert, beim Händler eine Registrierkasse („cash register“). Zum Aufladen der Geldbörse wird brokerspezifisches Scrip verwendet, das bei jedem Kauf gegen verkäuferspezifisches Scrip eingetauscht

[151] (Ausführen einer einzelnen Suchanfrage, Ansehen eines einzelnen Presseartikels, Börsencharts u.v.m)

[152] vgl. MANASSE (1997)

wird. Alle Vorgänge werden von der Geldbörse automatisch erledigt. Der Kauf wird dann durch Klicken auf einen mit einem Preis beschrifteten Link initiiert.

Bei sehr kleinen Beträgen wird die **Rechenzeit** des Servers zum wichtigen Kostenfaktor[153]. Für jede Transaktion sind drei Hashwert-Berechnungen zur Scrip-Verifizierung beim Händler und eine Berechnung für Wechselgeld nötig. MilliCent verzichtet daher auf aufwendige Kryptographie, es ist also weniger sicher als andere Systeme. Dies wird aber dadurch relativiert, daß es sich um sehr kleine Beträge handelt.

Die Zahl der möglichen Transaktionen mit den schwachen MilliCent-Verfahren wird auf einige hundert je Sekunde geschätzt. Bei 300 Transaktionen je Sekunde sind das ca. $10^{11}$ mögliche Transaktionen pro Jahr und Server. Starke (768 Bit) Public-Key-Verschlüsselung ermöglicht nur $10^9$ Transaktionen. Die kleinsten Beträge, die für Scrip-Kauf beim Broker als sinnvoll angesehen werden, liegen im Bereich von einem Cent (Provision 0,1 Cent). Bei $10^{11}$ Transaktionen pro Jahr kann ein Broker theoretisch 10 Mio. Dollar erlösen. Dies reicht aus, um einen physikalischem Server zu unterhalten. Selbst wenn Leerlaufzeiten und Kosten für Bandbereiten hinzugerechnet werden, ist der Betrieb wirtschaftlich möglich[154].

An einer Stelle muß Geld über einen sehr sicheren Mechanismus fließen. Dies erfordert wegen der hohen Kosten einen gewissen Aggregationsgrad. Damit die Broker rentabel arbeiten, , wird ein Aggregationsgrad von 5-10 Dollar für den Kauf von Broker-Scrip vorgeschlagen[155].

Eine zentrale Datenbank, aller bereits ausgegebenen Wertgutscheine ist nicht nötig, was für gute Skalierbarkeit sorgt. Eine **Online-Authentifizierung** entfällt ebenfalls, die bei anderen Systemen ein wesentlicher Kostenfaktor und Engpaß ist, sowie einen wesentlich höheren Aggregationsgrad fordert.

Die Händler sind den Brokern bekannt, da sie in dauerhafter Geschäftsbeziehung zu ihnen stehen. Broker sind vertrauenswürdige Institutionen, z.B. Kreditkartenunternehmen, Banken, Online-Dienste und Provider. Händler gelten in diesem Modell als weniger vertrauenswürdig; sie werden bei wiederholten Beschwerden aus dem System ausgeschlossen[156].

Der Käufer ist nur gegenüber dem Verkäufer **anonym**, denn er weist sich ihm gegenüber mit Hilfe eines vom Broker erhaltenen Geheimnis aus. Der *Broker* weiß dehalb, welcher wer wessen Scrip gekauft hat, und der Verkäufer weiß, was ein

[153] Ein Internet-Suchdienst mit 40 Mio. Anfragen pro Tag kommt jährlich auf ca. $4{,}5^{10}$ Transaktionen. Dazu müßte mit Millicent ein, mit einem sehr sicheren Public-Key-System dagegen 45 physikalische Abrechnungsserver betrieben werden.

[154] Ob allerdings wirklich 100 Milliarden Transaktionen jährlich beim Broker eingehen, steht auf einem anderen Blatt.

[155] vgl. MANASSE (1997)

[156] vgl. MANASSE (1997)

(anonymer) Kunde gekauft hat. Kooperieren Verkäufer und Broker, so ist keine Anonymität mehr gewährleistet.

MilliCent eignet sich für den **Gelegenheitseinsatz**, da bei Bedarf sofort entsprechendes Scrip erworben werden kann. Die Beträge sind fast beliebig **teilbar** und zudem auch nach Zeit abrechenbar. Allerdings ist die Weitergabe nur an Händler möglich. Da keine Quittungen ausgestellt werden, können gewerbliche Nutzer die Ausgaben nicht steuerlich oder in anderer Form geltend machen. Dies scheint wegen der geringen Beträge zunächst unnötig, jedoch wird erst der Markt entscheiden, ob ein Mausklick tatsächlich nur 0,1 Cent, einen Cent oder einen Dollar kosten wird.

Allerdings befindet sich Millicent noch im Versuchsstadium, die **Verbreitung** ist gering. Ideale Partner zur Markteinführung wären die Internet-Suchdienste. Falls es gelänge, Millicent bei den zehn größten Suchmaschinen einzuführen[157], müßten alle Internet-Nutzer die dazugehörigen Geldbörsen ebenfalls installieren und täglich nutzen.

Sobald der Export der Verschlüsselungstechnologie von den US-Behörden genehmigt wird, wird sich die Geldbörse auch paßwortgeschützt auf Diskette transportieren lassen [158].

### 6.4.5 EC-Geldkarte

In den USA dominieren Kreditkarten die bargeldlose Zahlung im Alltag. Ihr Verbreitungsgrad liegt in Deutschland mit 15 Millionen deutlich hinter den 40 Millionen EC-Karten[159] zurück, die bereits einen Mikroprozessor enthalten und damit zur Aufrüstung als Smart Card geeignet sind. Aufgrund der weiten Verbreitung sind Lösungen entwickelt worden, die die ZKA[160]-Geldkarte für Internetzahlungen nutzen wollen. Das System besteht aus Kundenkarte, Händlerkarte und einem Ladenterminal. Die Kundenkarte kann bis 400 DM durch Abbuchung vom assoziierten Verrechnungskonto oder Barzahlung (bei einem Ladeterminalbetreiber) aufgeladen werden. Zahlungen sind von 1 Pfennig bis 400 DM möglich.

Für den Einkauf per Internet sind PC-kompatible Kartenleser erforderlich. Deren Hersteller warten auf die Zertifizierung durch den ZKA. Das Terminal speichert die eingenommenen bzw. ausgezahlten Beträge intern und überträgt sie gesammelt an eine Evidenzzentrale, die die Beträge den Konten gutschreibt oder belastet. Somit ist keine Online-Verbindung bei jeder Transaktion notwendig.

---

[157] Ein großer Suchdienst mit mehreren nationalen Ablegern könnte schnell ein beträchtliches Geschäftsvolumen realisieren. Dabei könnten sie gleichzeitig die Funktion der Broker übernehmen und zusätzlich Provisionserlöse realisieren.

[158] Auskunft von Clancey, K. (clancy@pa.dec.com)

[159] „EC" heißt in diesem Zusammenhang „Eurochecque"

[160] Zentraler Kredit-Ausschuß (gemeinsames Gremium der Spitzenverbände der Kreditwirtschaft)

Da es sich um eine Smart Card handelt, sind umfassende Sicherheitsfunktionen realisiert (s. Kap. 5.3.2). Zur Authentifizierung wird ein Challenge-Response-Verfahren, zum Schutz der Integrität und Vertraulichkeit der gespeicherten Daten starke Kryptographie (128-Bit Schlüssel und Triple DES) eingesetzt. Sequenznummern verhindern das Senden mehrmaliger, falscher Kommandos an den Kartenchip. Die Transaktionskosten liegen mit 0,3% vom Umsatz (Minimum 2Pfennig) sehr niedrig.

Nachteilig ist die zentrale Speicherung aller Kaufdaten in den Evidenzzentralen. So ist die Erstellung von Gewohnheits- und Bewegungsprofilen des Käufers möglich. Ferner liegt das Verlustrisiko beim Karteninhaber, da wegen fehlender Online-Verifizierung keine Sperrung möglich ist. Wegen der bereits hohen Verbreitung wird sich die Geldkarte als Electronic Commerce-Zahlungsmittel durchsetzten.

Im Vergleich zu Ecash kann die Geldkarte auf 40 Millionen bereits ausgegebene Karten aufbauen. Zudem ist die Sensibilität hinsichtlich flächendeckender Personenüberwachung in Deutschland weniger ausgeprägt als z.B. in den USA. Somit wiegt dessen Vorteil der Anonymität in Deutschland eher gering.

## 6.5 Übersicht

Eine Übersicht und die Bewertung der vorgestellten Systeme vermittelt Tabelle 12 (s. nächste Seiten).

Tabelle 12: Übersicht und Bewertung digitaler Zahlungssysteme (+=sehr gut, O=befriedigend, – =mangelhaft)

| Merkmal | Kreditkarte mit SSL | | Kreditkarte mit SET | | Kartenalias | |
|---|---|---|---|---|---|---|
| Hersteller | Netscape (SSL), div. Partner | | Div. (Koordination: SETCO) | | First Virtual Holdings | |
| Zahlungsbereich | ab 20 DM | | ab 20 DM | | ab 31 Cents | |
| Beteiligte außer Händler/Käufer | Bank, Karteninstitut | | Bank, Karteninstitut | | Bank, Karteninstitut, Intermediär | |
| Hersteller-URL | www.netscape.com | | www.setco.org | | www.fv.com | |
| **Sicherheit Händler** | O | | | | + | |
| Authentifizierung des Käufers | O | Zertifikat (optional) | + | Zertifikat (Pflicht) | + | Geheimnummer auf Postweg, Kreditkartendaten |
| Vertraulichkeit | + | Verschlüsselt (bis 128 Bit) | + | Verschlüsselt (bis 128 Bit) | + | verschlüsselte E-Mail |
| Integrität | + | Hash-Wert MD5 | + | Hash-Wert MD5 | + | verschlüsselte E-Mail |
| Beweisbarkeit | + | Signatur | + | Signatur | + | verschlüsselte Signatur |
| erschwerte Fälschung | + | Online-Überprüfung v. Verfüg.rahmen/Adresse | + | Online-Überprüfung v. Verfüg.rahmen/Adresse | + | Online-Überprüfung v. Kreditkartendaten |
| Zahlungsausfallrisiko | + | Käufer kann bestreiten | + | Käufer kann bestreiten | O | Käufer kann Zahlung ablehnen, aber Intermediär beobachtet Verhalten |
| **Sicherheit Käufer** | O | | | | + | |
| Authentifizierung des Händlers | + | Zertifikat (Bedingung) | + | Zertifikat (Bedingung) | + | E-Mail-Adresse, Bankkonto |
| Diebstahl/Verlust | + | Kartensperrung möglich | + | Kartensperrung möglich | + | Kartensperrung möglich |
| Storno | + | Bestreiten der erfolgten Zahlung möglich | + | Bestreiten der erfolgten Zahlung möglich | + | Zahlungsablehnung nach Erhalt des Produktes möglich |
| Anonymität | – | Kartenorganisation weiß alles | – | Kartenorganisation weiß alles | O | Nicht, wenn Intermediär und Händler kooperieren |
| Schutz der Kartendaten | – | Händlerserver u.U. schlecht gesichert | – | Händlerserver u.U. schlecht gesichert | + | Daten auf sicherem Server |
| **Wirtschaftlichkeit** | – | | – | | – | |
| Transaktionskosten | – | 2-5% vom Umsatz, für Kleinbeträge unangemessen hohes Minimum | – | 2-5% vom Umsatz, für Kleinbeträge unangemessen hohes Minimum | – | 29¢ je Transaktion +2% vom Umsatz, zzgl. 1$ für Auszahlung des Verkäufers |
| Einrichtungskosten | | k.A. | | k.A. | – | 390-640 US$ |
| **Bequemlichkeit** | O | | O | | – | |
| Schnelligkeit | O | Online-Verifizierung 10 Sek. bis 2 Minuten | O | Online-Verifizierung | – | einige Minuten (E-Mail Laufzeit) |
| Online-Verifizierung | – | notwendig | – | notwendig | – | notwendig |
| intuitive Bedienung | + | nur Kartendaten eingeben | + | nur Kartendaten eingeben | O | nur Virtual PIN eingeben, aber für Verschlüsselung Fremdprodukt nötig |
| Verbreitung | + | weithin eingesetzt, aber in Deutschland nur 15 Mio. Karten ausgegeben | + | weithin eingesetzt, aber in Deutschland nur 15 Mio. Karten ausgegeben | – | gering |
| Mobilität | + | Karte und WWW-Client genügen | – | SET-zertifizierte Software erforderlich | + | Virtual PIN und E-Mail Adresse erforderlich |
| Währungsbindung | + | jede Währung | + | jede Währung | + | jede Währung |
| Direkte Weitergabe | – | Nur an registrierte Händler | – | nur an registrierte Händler | – | nur an registrierte Händler |

| Merkmal | ECash | | Millicent | | Geldkarte | |
|---|---|---|---|---|---|---|
| Hersteller | Digicash b.v. | | Digital Equipment Corp. | | Zentraler Kreditausschuß ZKA | |
| Zahlungsbereich | 10 Pfennig bis 400 DM (Pilot) | | 0,1 Cent bis 5 Dollar | | 1 Pfennig bis 400 DM | |
| Vertragspartner des Händlers | Intermediär (Herausgeber der Münzen) | | Broker | | Bank | |
| Hersteller-URL | www.digicash.com | | www.millicent.digital.com | | – | |
| **Sicherheit Händler** | + | | O | | + | |
| Authentifizierung des Käufers | + | Signatur durch Ecash-Software („Wallet") | O | Paßwort | + | Challenge-Response |
| Vertraulichkeit | + | Public-Key-Verschlüssel. | O | optionale Verschlüsselung | + | starke Verschlüsselung |
| Integrität | O | nur Verschlüsselung | O | Paßwortschutz | + | Triple DES |
| Beweisbarkeit | + | Signatur | – | keine | + | Kontoauszug |
| erschwerte Fälschung | + | Signatur des Intermediärs, zentrale Münzdatenbank | + | Datenbank mit Seriennummern bei jedem Händler | + | Hardware mit eigenem Betriebssystem und Sicherheitsfunktionen |
| Zahlungsausfallrisiko | + | kein Widerruf des Käufers | + | kein Widerruf des Käufers | + | kein Widerruf des Käufers |
| **Sicherheit Käufer** | + | | O | | – | |
| Authentifizierung des Händlers | + | Signatur | – | keine | + | Zertifikat |
| Diebstahl/Verlust | + | Wiederherstellung der digitalen Münzen möglich | | k.A. | – | Kartenverlust = Geldverlust |
| Storno | – | nicht möglich | + | ja, über Broker | – | nicht möglich |
| Anonymität | + | Blindfaktor anonymisiert Münzen nach Abhebung | O | Broker kennt Käufer, Händler kennt Güter | – | Evidenzzentrale kennt Käufer und gekaufte Produkte |
| **Wirtschaftlichkeit** | O | | + | | + | |
| Transaktionskosten | ? | k.A. | + | 2% vom Umsatz, kleinster Umsatz bei Broker: 1Cent | + | 0,3% vom Umsatz, Minimum 2 Pfennig |
| Einrichtungskosten | + | Kostenlos | + | „kleine Schwelle" | O | Terminal, beim Händler, Kartenleser beim Käufer |
| Münzdatenbank | O | für jede Währung eine Datenbank erforderlich | + | erforderlich, aber dezentral bei jedem Händler | + | nicht erforderlich |
| **Bequemlichkeit** | O | | O | | O | |
| Schnelligkeit | + | Sofort | + | sofort | + | sofort |
| Online-Verifizierung | – | Intermediär prüft Münzen auf Mehrfachausgabe und Echtheit | + | nur Verifizierung in Datenbank beim Händler | + | nicht nötig, Zwischenspeicherung im Händlerterminal |
| intuitive Bedienung | + | ausgereifte Wallet-Software | + | ausgereiftes Wallet | + | nur Karte/Kartenleser |
| Verbreitung | O | Pilotversuch mit umfangreichem Produktangebot | – | Pilotversuch, überwiegend Informationen von Privatleuten | – | Zertifizierungen laufen, bereits 40 Mio Stück im Umlauf (EC-Karte) |
| Mobilität | – | Wallet-Installation erforderlich | + | Wallet auf Diskette transportabel | + | Karte leicht transportabel |
| Währungsbindung | – | Münzen nur in nationalen Währungen | ? | k.A. | – | Nur DM/Euro |
| Direkte Weitergabe | + | An jeden Wallet-Inhaber | O | Nur registrierte Händler, aber Registrierschwelle niedrig | – | Nur registrierte Händler, Registrierschwelle hoch |

# 7 Anwendung von EC

## 7.1 Geschäftsmodelle

Die Möglichkeiten für Internetbasierte Geschäftsmodelle sind nur durch die Phantasie der E-Commerce Anbieter begrenzt. Daher stellt sich die Frage nach ihrer Klassifizierung. In der Literatur werden mehrere Klassifikationen gegeben[161]:

- **Modell 1: Nach angebotener Information und Aufwand der Realisierung**. Die Autoren unterscheiden zwischen vier Modellen von der Online-Informationsbroschüre bis zum virtuellen Geschäft.
- **Modell 2: Nach funktionalen Kategorien**: Alle WWW-Seiten werden in zwei Kategorien eingeteilt. Seiten der ersten Kategorie machen auf das eigentliche Angebot aufmerksam (Verkehrssteuerung), Seiten der zweiten Kategorie stellen das eigentliche Angebot dar (Zielplätze)
- **Modell 3: Nach Internetbezug:** Aktivitäten zur Unterstützung netz*unabhängiger* oder netz*bezogener* Geschäftsfelder. Zur ersten Klasse zählen der Verkauf von materiellen Produkten über das Internet, zur zweiten Klasse die Bereitstellung von Datenleitungen oder Plattenplatz für ein virtuelles Geschäft.

Modell 1 ist für diese Arbeit nicht geeignet, da es ausschließlich das Modell eines virtuellen Geschäftes beinhaltet. Es läßt Modelle unberücksichtigt, die auf Finanz- und Informationsdienstleistungen beruhen. Der erste Typ dieses Modells, die Online-Informationsbroschüre, kann zudem kein Geschäftsmodell für Electronic Commerce sein. Allerdings eignet es sich gut als Stufenmodell zur Realisierung eines virtuellen Geschäftes.

Modell 2 ist für die Beschreibung wirtschaftlicher Aktivitäten zu undifferenziert. Außerdem vernachlässigt es die Tatsache, daß das Internet nicht nur aus WWW-Seiten besteht. Obwohl es alle Internetdienste integriert, *ist* das WWW nicht das Internet.

Modell 3 räumt den netzbezogenen geschäftlichen Aktivitäten einen Stellenwert ein, der bei der gesamtwirtschaftlichen Betrachtung übertrieben ist. Die Ursache für die Schwächen der Modelle (aus den Jahren 1994-1997) könnte die Dynamik der kommerziellen Entwicklung im Internet sein[162]. Modell 1 stammt aus dem Jahre 1994, als das WWW gerade entstanden war und es weder ausreichende

---

[161] vgl. ALPAR (1996), S. 121; 122; 124

[162] Für das Internet wird die siebenfache Innovationsgeschwindigkeit anderer Gebiete angenommen. Beispielsweise hat das WWW als Basistechnologie in nur 3 Jahren den Sprung von der Entstehung bis zur weltweiten Anwendung (1997) geschafft; vgl. Bild 1, S. 13).

Sicherheitsmechanismen für kommerzielle Nutzung noch digitale Zahlungssysteme gab. Zu dieser Zeit stellte ein „virtuelles Geschäft" unter den Internetangeboten die höchste Stufe des E-Commerce dar, die heutige Ausdifferenzierung war nicht gegeben.

Neben diesen drei Modellen wäre eine Gliederung nach den betroffenen Unternehmensfunktionen denkbar, d.h. nach dem Einsatz von E-Commerce im Marketing, F&E, Einkauf, Produktion, Verkauf und After Sales-Betreuung. Da jedoch in dieser Arbeit E-Commerce im engeren Sinne (*Verkauf* eines Produktes) behandelt wird, wären einige Bereiche dieser Gliederung nicht relevant.

Ein grundlegendes Problem aller Klassifizierungen ist die Dynamik der technischen Entwicklung, der entsprechende Geschäftsmodelle in kurzem Abstand folgen[163]. Deswegen soll hier nach der **Art der angebotenen Produkte** klassifiziert werden. Produkte, die Gegenstand von Electronic Commerce sein können, sind

- Materielle Güter
- Immaterielle Güter (Informationen) und
- Dienstleistungen.

Diese Einteilung bietet den Vorteil, die besonderen Eigenschaften der Produkte zu berücksichtigen: Stofflichkeit, Lagerbarkeit und Transportweg sind Eigenschaften, die ein E-Commerce-Geschäftsmodell stärker beeinflussen als die Kriterien der anderen Modelle[164]. In der Praxis wird ein Geschäftsmodell eine Mischung aus den drei Kategorien sein. Zum Kauf materieller Güter gehören auch Informationen und Dienstleistungen, gezahlt wird jedoch letztlich für das materielle Gut.

Im folgenden Kapitel werden zunächst die Bedingungen genannt, deren Erfüllung für den geschäftlichen Erfolg eines E-Commerce-Angebotes notwendig sind. Daran schließen sich drei Kapitel an, in denen die bereits realisierten Anwendungen von Electronic Commerce besprochen werden.

## 7.2 Erfolgsfaktoren von EC-Angeboten

Für die erfolgreiche Realisierung von EC-Angeboten ist die Beachtung der **kritischen Erfolgsfaktoren** essentiell. Eine Studie unterscheidet zwischen internen und externen Faktoren, die nach ihrem Entwicklungsstand und der Bedeutung für EC gegliedert sind[165]. Besonders kritisch sind diejenigen Faktoren, die wichtig und gleichzeitig wenig entwickelt sind:

---

[163] Neue Kompressionsalgorithmen und Leitungstechniken sowie die Entwicklung von „streaming media"-Verfahren ermöglichen z.B. das neue Geschäftsmodell „Online-Videothek". Noch bevor die Technologien ausgereift sind, stehen bereits die ersten Videoserver zur Erprobung bereit.

[164] Beim Handel mit Information sind finale Zahlungsmethoden erforderlich, da das Produkt bei Zahlungsverweigerung nicht zurückgefordert werden kann.

[165] vgl. KPMG (1997), S. 9

- Das Verständnis für den Umfang der Organisationsneugestaltung
- Eine klare strategische Zielsetzung
- Die Behandlung von E-Commerce-Implementierungskosten als Investition
- Die Involvierung des Top-Managements und
- Eine kritische Masse an Transaktionen.

Mit Ausnahme des letzten Faktors handelt es sich um interne Faktoren. Ebenfalls von großer Bedeutung, jedoch höher entwickelt sind die Faktoren

- Sicherheitsfragen
- Etablierung einer Zahlungsmethode
- Kosten sowie das
- Erkennen des strategischen Potentials.

Hier handelt es sich mit Ausnahme des letzten Faktors um externe Faktoren. Daraus läßt sich ableiten, daß Entwicklungsdefizite hauptsächlich im internen Bereich liegen. Die Studie geht davon aus, daß die kritischen Faktoren bis Ende 1998 soweit entwickelt sein werden, daß die Hemmschwelle für EC-Implementierungen niedrig und der resultierende Wettbwerbsdruck hoch sein wird.

Daneben ist es notwendig, auf die folgenden Faktoren hinzuweisen, da sie erfahrungsgemäß häufig vernachlässigt werden. Zur besseren Übersicht sind sie nach Kategorien geordnet.

**Inhalt**

- Bereitstellung von originären, aktuellen und zielgruppenspezifischen Inhalten
- Untersuchung des zu erwartenden Nutzens für die definierte Zielgruppe
- Ausbau des Angebotes bis zur Transaktionsphase
- Nennung von Anbieter und Inhalt auf der Titelseite
- Nennung von Referenzen für die angebotenen Produkte
- Aufklärung des Nutzers über Art, Umfang und Verwendung der über ihn gespeicherten Daten
- Niedrige Eintrittsschwelle[166]

[166] d.h. insbesondere den Verzicht auf eine Registrierung des Nutzers bei nur oberflächlichem Interesse an den Seiten

**Technisch**

- Schnelle, fehlertolerante Suchmöglichkeit in Produktdatenbank
- Stichwortsuche über die gesamte Domain
- Fehlerfreie, intuitive Navigation
- Ausnutzung der medientypischen Vorteile durch Integration mit Anwendungen im internen Netz
- Hohe Verfügbarkeitsquote durch redundante Server, Spiegelung und ständige Backups
- Ausreichend dimensionierte Server, Internetanbindung sowie Anbindung an Datenaustauschpunkte[167] für verzögerungsfreie Abwicklung der Transaktion
- Übersichtliche und fehlerfreie Navigation auf den WWW-Seiten
- Gestaltung von WWW-Seiten ausschließlich entsprechend dem aktuell gültigen HTML-Standard, Verzicht auf jegliche proprietären Sprachelemente und wenig verbreitete Plug-Ins[168]

**Organisatorisch**

- Verwendung eines eigenen, leicht zu merkenden Domainnamen
- Bestimmung des richtigen Einstiegszeitpunktes
- Bestimmung der Preisstrategie: Differenzierung über geldwerte Serviceleistungen oder Niedrigpreisstrategie
- Definition des kompletten Geschäftsprozesses vom Bestellvorgang über Auslieferung bis zum Storno
- Bekanntmachung des Angebotes bei der definierten Zielgruppe über herkömmliche Medien und das Internet selbst
- Absprache mit den Absatzmittlern (Händler)
- Klärung rechtlicher Fragen (Wettbewerbsrecht, Namensrechte, Urheberrechte, internationales Handelsrecht)
- Angemessene Sicherheit von Transaktionen und Ressourcen
- Klassifikation von verfügbarer Information in öffentlichen, internen und Kundengebrauch
- Kalkulation von Anfangsinvestition, laufenden Kosten und erwartetem Nutzen[169]

---

[167] In Deutschland an DE CIX in Frankfurt, in USA MAE-West und MAE-East

[168] Neueste Formate verwenden Java-Applets für ihre Darstellung

- Aufrechterhaltung des persönlichen Kundenkontaktes[170]
- Schnelle Auslieferung des Produktes (bei materiellen Gütern im Endkundengeschäft max. drei Tage). Dies erfordert die Einbettung in den internen Prozeß der Leistungserstellung.
- Bestätigung der Bestellung: Erneute Anzeige von Produkten, Verfügbarkeit, Zahlungsart, Endpreis und voraussichtlichem Liefertermin. Gesonderte Bestätigung der Absendung
- Test des Angebotes durch ausgewählte Nutzer der Zielgruppe vor der Freischaltung
- Freischaltung der Internetdomain erst nach Fertigstellung des Angebotes[171]

**Ressourcen**

- Priorisierung (Jahr 2000/Euro-Umstellung vorrangig ?)
- Systematischer Aufbau von EC-Wissen im Unternehmen
- Entscheidung über „Make or buy".

## 7.3 Chancen und Risiken

In diesem Kapitel werden die Chancen und Risiken bei der Anwendung von Electronic Commerce besprochen, die für alle vorgestellten Geschäftsmodelle gelten. Die modellspezifischen Chancen und Risiken sind separat aufgeführt. Sie sind nicht ausschließlich auf die Phasen Produktauswahl und Transaktion beschränkt. Ihre Gliederung erfolgt anhand aktuell geltender Umfeldparameter, die das wirtschaftliche Geschehen prägen. Dies sind

- **Preiswettbewerb:** Das Preis-Leistungsverhältnis tritt gegenüber der Markenorientierung in den Vordergrund[172]. E-Commerce bietet die Möglichkeit, Kosteneinsparungen zu erzielen und sie teilweise an den Käufer weiterzugeben. Die Erbringung der Absatzmittlerfunktionen durch ein Internetangebot erfolgt automatisiert, bei der Wahl von Online-Zahlungsmethoden gibt es weniger Zahlungsausfälle oder -Verzögerungen, sofern eine finale Zahlkungsmethode angewendet wird. Allerdings muß das virtuelle Geschäft erstellt, betrieben und gepflegt werden.

  Ein Risiko liegt jedoch in der notwendigen Auseinandersetzung mit den vorhandenen Absatzmittlern. Das neue Medium wird diese nicht sofort vollständig überflüssig

[169] der Nutzen von EC-Angeboten liegt oft in den „weichen" Faktoren Image, zusätzliches Geschäftsvolumen, geringere Fehleranfälligkeit und sind nicht quantitativ bestimmbar.

[170] sonst besteht die Gefahr des Verlustes der Kundenbindung durch Entpersönlichung, vgl. HANSER (1997)

[171] d.h. vor allem der Verzicht auf halbfertige Angebote mit dem Symbol „under construction".

[172] vgl. KALAKOTA (1997), S. 8-4

machen. Die Kundenbeziehung existiert hauptsächlich zu den Absatzmittlern; sie entscheiden wesentlich über den Verkaufserfolg eines Produktes. In Branchen mit marktmächtigen Absatzmittlern ist das Risiko ihrer Verweigerung einzukalkulieren. Aus diesen Gründen müssen sie in die EC-Strategie einbezogen werden[173]. Weiterhin muß das Risiko des entstehenden Preiswettbewerbs mit anderen, aufkommenden Online-Anbietern bedacht werden. Deshalb darf die EC-Strategie nicht nur auf die Erlangung von Wettbewerbsvorteilen bei der *Preis*gestaltung abgestellt sein , sondern sollte *Service*-Aspekte in den Vordergrund stellen.

- **Zunehmende Produktvielfalt:** Auswahl und Preisvergleich von Produkten wird mit zunehmender Vielfalt schwieriger. Die Auswahl kann durch automatisierte Beratungsleistungen erleichtert werden, was einem Teil der Beratung im persönlichen Kontakt entspricht[174]. Dadurch verringert sich für den Käufer das Risiko von Fehlkäufen. EC fördert darüberhinaus die Vergleichbarkeit von Preisen, Konditionen und Produktmerkmalen, da alle Informationen in digitaler Form, im selben Medium und in einer einheitlichen Benutzerschnittstelle (Browser) dargestellt werden.

  Gerade in der Vergleichbarkeit besteht jedoch ein Risiko für die Anbieter, sofern der Käufer die Unterschiede zwischen Produkten und Anbietern nicht würdigt (sofern sie überhaupt vorhanden sind) und sich auf den Preis als einziges Vergleichskriterium konzentriert[175].

- **Zunehmende Erklärungsbedürftigkeit von Produkten:** Dieser Punkt gilt besonders für Investitionsgüter. Hier stellt sich das Problem der Verteilung der für Auswahl, Kalkulation, Betrieb und Wartung notwendigen Informationen. Diese Funktion wird von Absatzmittlern (Handelsvertreter, Händler) oder eigenen Außenstellen (Verkaufsbüros, Außendienst) wahrgenommen. Da das Internet die weltweite Publikation beliebig großer und vielfältiger Informationsmengen ermöglicht, können die traditionellen Informationsverteiler entlastet werden und sich in der zweiten Stufe auf „schwierige" Beratungen konzentrieren.

---

[173] Peapod.com arbeitet in Form eines Partnersystems. Das Peapod-Personal kauft im Auftrag der Kunden an speziellen Kassen bei assoziierten Supermärkten ein und liefert die Produkte aus. Dafür werden monatliche Gebühren, 5US$ je Lieferung und 5% vom Warenwert zusätzlich berechnet. Somit ist Peapod keine Konkurrenz zu herkömmlichen Supermärkten, womit auch der Druck auf diese gemindert wird, durch ein eigenes EC-Angebot wiederum in Konkurrenz zu Peapod zu treten.

[174] Im Musik-Angebot von amazon.com werden in der Rubrik „Essentials" grundlegende CDs zum Aufbau einer Sammlung in ausgewählten Musikkategorien empfohlen. Diese Art von produktbezogener Zusatzinformation übertrifft die in realen Ladengeschäften verfügbare Beratung, da zum Aufbau und zur Wartung eines zentralisierten, automatischen Beratungssystem wenige, hochqualifizierte Fachberater ausreichen.

[175] Bei „my-world.de" wurde die Liste der Top 100 im CD-Markt wieder entfernt, weil eine zu große Vergleichbarkeit der Preise gegeben war, s. NI (1998).

Dabei liegt das Risiko in der drohenden Entpersönlichung der Kundenbeziehung. Die stärkste Kundenbindung entsteht durch persönlichen Kontakt. Wird dieser vernachlässigt, so droht eine Erosion der Kundenloyalität.

- **Individuelles Marketing:** E-Commerce gestattet es dem Verkäufer, detaillierte Daten über das Käuferverhalten zu gewinnen. Erkannte Vorlieben, Preissensitivität und Zugehörigkeit zu bestimmten Kundengruppen ermöglichen die gezielte Ansprache des Kunden, individuelle Preisgestaltung und den Einsaz von Cross-Selling[176]. In einer Fallstudie reagierten 35% aller Käufer auf eine automatische Aufforderung zur Abgabe von Komentaren positiv. Die übliche Antwortrate bei dedizierten Umfragen liegt dagegen bei 10%[177].

  Das Risiko der individuellen Ansprache liegt in der Verunsicherung des Käufers durch die Speicherung seiner als sensibel eingeschätzten Daten. Dies wird als besonders unangenehm empfunden, wenn individualisierte Angebote ohne vorher geäußerten Wunsch unterbreitet werden oder Kundendaten ohne Einwilligung an Dritte verkauft werden.

- **Wunsch nach individualisierten Produkten:** Produkte, die in Serien- oder Massenproduktion hergestellt werden, sind auf einen angenommenen durchschnittlichen Käufer ausgelegt. Folglich nutzt nicht jeder Kunde deren Bestandteile aus, muß aber deren Kosten mitbezahlen, während gelichzeitig bestimmte Eigenschaften vermißt werden. Die ungenutzten Bestandteile stellen Blindleistung dar.

  Der interaktive Charakter des Internet ermöglicht die individuelle, automatisierte Erhebung von gewünschten Produktmerkmalen, die von einer nachgeschalteten Software in konkrete Produktionsdaten umgesetzt können. Da alle Daten bereits in digitaler Form vorliegen, können Produktionsdaten direkt an den Produktionsprozeß (bei materiellen Produkten) bzw. die Datenbank (Information) übermittelt werden. Dieser „build-to-order"-Ansatz (BTO) ist insbesondere beim Kauf von (ohnehin modular aufgebauten) Personal Computern realisiert worden[178]

- **Zeitunterschiede zwischen Käufer und Verkäufer**: Die zur Tätigung von Einkäufen verfügbaren Zeiten stimmen bei Käufen über Zeitzonen hinweg nicht mit den Arbeitszeiten des Verkäuferpersonals überein. Innerhalb einer Zeitzone können zudem restriktive Öffnungszeiten der Ladengeschäfte die Einkäufe einer kaufkräftigen, aber zeitarmen Minderheit erschweren.

  Hier eröffnet das Internet die Möglichkeit, ein virtuelles Geschäft unabhängig von Arbeitszeiten des Personals oder Öffnungszeiten zu betreiben; so besteht die

---

[176] das Verkaufen von nicht verwandten Produkten, die jedoch erfahrungsgemäß oft zusammen gekauft werden, z.B. Datenträger und passende Archivierungseinrichtungen.

[177] vgl. KALAKOTA (1997), S. 8-9

[178] vgl. www.dell.com

Aussicht auf die Gewinnung von kaufkräftigen, aber zeitarmen Kunden. Ferner erleichtert EC den Aufbau globaler Wertschöpfungsketten über die Grenzen von Zeitzonen hinweg.

In den folgenden Kapiteln werden Ausgangssituation, Chancen, Risiken und Erfolgsfaktoren für drei Bereiche dargestellt.

## 7.4 Materielle Produkte

### 7.4.1 Situation

Die Situation beim Verkauf materieller Güter soll nach Händler- und Käufersicht unterschieden werden. Aus der **Sicht des Händlers** gelten neben den genannten allgemeinen die folgenden speziellen Bedingungen:

- Überangebot und Überexpansion[179]
- Trend zum Erlebnis-Einkauf
- Verkürzung der Produktzyklen
- Hoher Aufwand bei der Bearbeitung von Verkaufspapieren und
- Inkompatible EDV-Systeme.

Aus der Sicht der Käufer sind folgende Merkmale zu beobachten:

- Restriktive Ladenschlußzeiten und Arbeitszeitregelungen
- Zeitknappheit bei jungen Konsumenten
- Mangelhaftes Service-Bewußtsein von Ladenpersonal
- Schwierige Verkehrssituation in den Geschäftszentren
- Forderung nach schneller und zeitgenauer Lieferung und
- Zunehmende Variantenvielfalt.

Die Dynamik der Entwicklung hat das Potential, neue Geschäftsmodelle hervorzubringen.

[179] vgl. KALAKOTA (1997), S. 8-3

### 7.4.2 Geschäftsmodelle

In diesem Kapitel werden die möglichen Geschäftsmodelle typisiert und beschrieben. Sie lassen sich gliedern nach

- der Länge der Vertriebskette in direkten und indirekten Verkauf
- der Zahl der gemeinsamen Nutzung von Infrastruktur in Einzelgeschäfte und virtuelle Einkaufszentren sowie nach
- der Zugänglichkeit für die Öffentlichkeit in Intranet- Extranet[180]- und Internet-Geschäft.

Beim **Direktverkauf** verkauft der Produkthersteller seine Produkte an die Endkunden unter Umgehung der herkömmlichen Absatzmittler. Beim **indirekten** Verkauf nehmen die Absatzmittler nach wie vor ihre angestammten Funktionen wahr, betreiben aber entweder ein eigenes virtuelles Geschäft oder werden durch den Hersteller mit einem Electronic Commerce-Angebot unterstützt. Im letzteren Fall kann der Hersteller die Bestellungen zentral erfassen und die Bestelldaten über ein Netzwerk oder herkömmliche Telekommunikation an die Händler weiterleiten. Diese übernehmen dann die Absatzmittlung wie gewohnt.

Nach der Nutzung von Infrastruktur lassen sich Einzelgeschäfte und **virtuelle Einkaufszentren** („Electronic Shopping Mall") unterscheiden. Ein Einkaufszentrum faßt mehrere virtuelle Geschäfte hinsichtlich der genutzten Infrastruktur zusammen. Sie können Internetadresse, Hardware, Seitengestaltung, Zahlungssystem-Gateways, Auslieferung und Abrechnung gemeinsam benutzen.

Nach der Zugänglichkeit für die Öffentlichkeit lassen sich virtuelle Geschäfte im Internet, Extranet und Intranet unterscheiden. Während **Internetgeschäfte** für jeden WWW-Nutzer frei zugänglich sind, ist der Zugang zu einem **Extranetgeschäft** auf bestimmte Personengruppen außerhalb des Unternehmens beschränkt (Filialen, Zulieferer, Wiederverkäufer)[181]. Ein **Intranet-Geschäft** ist degegen ein virtuelles Geschäft, welches nur für unternehmensinterne Käufer zugänglich ist. Solche Geschäfte können von einem Unternehmen für Bestellung und Abrechnung von Material bei internen Stellen oder internen Leistungen eingerichtet werden. Fremdunternehmen richten Intranet-Geschäfte für Großkunden ein, um den Verwaltungsaufwand auf beiden Seiten zu verringern.

---

[180] das ist die Gesamtheit der Netze verschiedener Organiosationen im Wertschöpfungsprozeß.

[181] Die Order-Erfassung von Wiederverkäufern macht beim vielzitierten Beispiel des Computerherstellers Dell 70% von 1 Mrd. US$ aus, die 1997 über das Internet umgesetzt wurden; vgl. C'T (1998-2), S. 148

### 7.4.3 Bausteine

Der Verkauf von materiellen Gütern findet in einem „virtuellem Geschäft" statt. Es besteht aus mehreren Softwarekomponenten:

- WWW-Site des Geschäftes: Das sind HTML-Seiten mit Information über den Betreiber, die Art des Geschäftes, die produktbezogenen Zusatzinformationen und Verweise auf Referenzen
- Produktdatenbank: Artikelnamen und -Nummern, Preise, Rabatte, Kunden, Dateien zur Beschreibung des Produktes (Bild, Video, Ton)
- Schablonen („Templates") zur Erzeugung dynamischer HTML-Seiten aus Datenbankinhalten
- Zusatzfunktionen: Anbindung an Programme, die Zusatzfunktionen bereitstellen, z.B. Berechnungen zur Auslegung von technischen Bauteilen
- Einkaufskorb: Überwachung des Einkaufsvorganges, Erfassung der Bestellung nach Produkt und Anzahl, Speicherung der Bestelldaten, Berechnung des Endpreises, Plausibilitätsprüfung von Produktkombinationen
- Payment-Gateway: Gateway zur Nutzung von Online-Zahlungssystemen und
- Integration mit internen Systemen: Gateway zu dem Warenwirtschaftssystem und der Finanzbuchhaltung des Betreibers.

Ähnlich den integrierten Büroprogrammen, die Textverarbeitung, Tabellenkalkulation etc. enthalten, gibt es für den Aufbau eines virtuellen Geschäftes integrierte Software („Merchant Server", „Commerce Suite"), die alle gewünschten Module enthält.

### 7.4.4 Chancen und Risiken

Ein wichtiger Aspekt bei der Besprechung der konkreten Anwendungen im Electronic Commerce sind die Chancen und Risiken, die sich aus der Wahrnehmung des neuen Mediums ergeben. Sie ergeben sich aus den Möglichkeiten, den in Kap. 7.4.1 geschilderten Herausforderungen zu begegnen. Aus der Sicht des Verkäufers sind dies

- **Preiswettbewerb:** Die Kosten für die Realisierung eines virtuellen Geschäftes im Internet sind im Vergleich zu den Betriebskosten eines realen Ladengeschäftes gering[182]. Dies ermöglicht Anbietern, Kostenvorteile an die Käufer weiterzugeben.

  Allerdings entstehen bei materiellen Produkten je nach Umfang der Serviceleistungen zusätzliche Kosten[183]. Insgesamt kann sich ein höherer Preis als beim herkömmlichen Einkauf ergeben. Dieser Preisnachteil wird jedoch in Kauf genommen, wenn bessere Möglichkeiten des Preisvergleichs bestehen und weniger

---

[182] ab ca. 5.200 DM, Betriebskosten ca. 750 DM monatlich, zzgl. Aufwand für Auftragsabwicklung und Pflege, vgl. TELEKOM (1998), S. 1

[183] Das sind bei einem Einkaufsservice Kosten für das Zusammenstellen des Einkaufs und die Auslieferung.

Impulskäufe stattfinden. Bei einem virtuellen Geschäft fallen weder Mietkosten noch Kapitalbindung in dezentralen Lagern an, ferner muß Ladendiebstahl nicht in der Kalkulation berücksichtigt werden.

- **Überangebot und Überexpansion:** Die automatisierte Erbringung von Serviceleistungen ist ein Mittel zur Differenzierung von den Mitbewerbern. Ein virtuelles Geschäft ermöglicht es dem Betreiber beispielsweise, produktrelevante Informationen tagesaktuell anzubieten.

  Auf der anderen Seite gilt dies auch für konkurrierende Unternehmen, die ihre Produkte ebenfalls mit geringem Aufwand im Internet anbieten können. Somit besteht die Gefahr weiterer Angebotsausweitung und schärferer Konkurrenz[184]. Diesem Druck kann dadurch begegnet werden, daß ein früher und möglichst vollständiger Einstieg in E-Commerce geplant wird[185].

- **Inkompatible EDV-Systeme:** Der Einsatz proprietärer Technologie stellt ein Hindernis für die Vernetzung der Beteiligten einer Wertschöpfungskette dar. Die Integration von Geschäftsprozessen wurde daher überwiegend durch die Vernetzung eines großen Unternehmens („Hub") mit seinen Zulieferern („Spokes") durchgeführt. Das Internet dagegen baut auf der TCP/IP-Protokollfamilie auf. Dadurch ist eine einheitliche Basis für die Integration der Wertschöpfungskette gegeben. Damit entfällt die Beschränkung auf die Vernetzung zwischen „Hubs" und „Spokes"

- **Hoher Aufwand bei der Bearbeitung von Verkaufspapieren:** Beim Verkauf materieller Güter fallen zahlreiche Belege (Entnahmebelege, Transportpapiere, Lieferscheine, Rechnungen, Quittungen) an. Sie werden manuell erstellt, bearbeitet und abgelegt. Im Electronic Commerce erleichtert das Vorliegen aller Bestelldaten in digitaler Form die anschließende Weiterverarbeitung der Geschäftsdokumente in der internen Datenverarbeitung

- **Trend zum Erlebnis-Einkauf:** Käufer trennen zunehmend zwischen Beschaffungs- und Erlebniseinkäufen. Beschaffungskäufe werden als notwendiges Übel empfunden, während Erlebniseinkäufe Bestandteil der Freizeitgestaltung sind. Über E-Commerce können hauptsächlich die Beschaffungskäufe getätigt werden, da sie einen hohen Anteil an Routine enthalten. Die Beschaffung wird durch Speicherung von regelmäßig gekauften Warenkörben, Unterbreitung von Sonderangeboten, Online-Bestellung und -Zahlung sowie der Lieferung durch Dienstleister erleichtert. Der

---

[184] Dies deckt sich mit den Erwartungen zu Electronic Commerce. 72% der Unternehmen, die E-Commerce planen, erwarten verstärkten Wettbewerb im Vergleich zu 33% derjenigen Unternehmen, die E-Commerce bereits praktizieren (KPMG (1997), S. 12). Daraus läßt sich schließen, daß EC zwar die Wettbewerbsintensität steigern wird, die Adaption der neuen Technologie den Druck jedoch mindert.

[185] vgl. KPMG (1997), S. 14

Versuch, den Erlebnis-Einkauf über das Internet zu vermitteln, kann dagegen vorerst als gescheitert betrachtet werden[186].

Aus der Sicht der Käufers sind die Ansatzpunkte für die Beschriebung von Chancen und Risiken

- **Zeitknappheit bei kaufkräftigen Konsumenten:** Der Besuch verschiedener Ladengeschäfte zur Auswahl, Kauf und ggf. Rückgabe von Produkten ist mit Anfahrts- und Wartezeiten verbunden. Der Produktkauf über das Internet ermöglicht Zeitersparnis durch den verzögerungsfreien Aufruf detaillierter Produktinformation, verzögerungsfreie Zahlung und die Übernahme der physischen Distribution durch spezialisierte Dienstleister. Somit ist der Kauf über das Internet für kaufkräftige, aber zeitarme Käufer eine Alternative zum Kauf in herkömmlichen Ladengeschäften.

- **Forderung nach schneller, flexibler und zeitgenauer Lieferung:** Durch den digitalen Charakter des Internet können Transaktionsdaten verzögerungsfrei übermittelt werden. Es bedarf nicht des Umweges über ein stoffliches Medium, welches als Informationsträger dient. Durch den Wegfall von Wartezeiten bei der manuellen Bearbeitung der stofflichen Informationsträger wird die Auslieferung von Produkten beschleunigt. Dies ist insbesondere im business-to-business-Bereich wichtig, wenn die Produktionsprozesse des Käufers auf zeitgenauer und flexibler Lieferung aufbauen.

  Ein Risiko für den Anbieter von EC liegt darin, daß der erzielte Geschwindigkeitsvorteil durch mangelnde Integration der auf die Bestellung folgenden Prozesse zunichte gemacht wird. Sofern die erfaßten Bestelldaten anschließend lediglich manuell in einen langsamen Auslieferungsprozeß eingeschleust werden, treten beim Käufer Irritationen über die technische Kompetenz des Händlers und den Sinn des Angebotes auf.

- **mangelhafter Service:** In Deutschland ist die Bereitschaft zu zuvorkommendem Service traditionell wenig ausgeprägt. Zudem wird die Beratungskompetenz durch die steigende Frequenz an Produktinnovationen und Produktvielfalt ausgehöhlt.

  Durch E-Commerce können Produktinformationen und produktverwandte Serviceleistungen (Einkauf, Lieferung) durch Spezialisten erbracht werden. Das Angebot muß nur einmal erstellt werden und kann von beliebig vielen Käufern genutzt werden.

[186] Käufer im Internet suchen gezielt nach Produkten und neigen nicht zum Bummeln, vgl. NI (1998). Zudem sind die notwendigen Netzbandbreiten für multimediale Produktpräsentation noch nicht vorhanden. Die Vision des 3D-Einkaufszentrums im Internet über den VRML-Standard für virtuelle Umgebungen scheitert bis heute außerdem an zu geringer Rechenleistung der Clientrechner.

### 7.4.5 Spezielle Erfolgsfaktoren

Zusätzlich zu den in 7.2 genannten sind für den erfolgreichen Verkauf materieller Produkte die folgenden Faktoren wichtig:

- **Art des Angebotes:** Aussehen, Abmessungen und technische Daten von Produkten lassen sich im Internet darstellen, nicht jedoch Oberflächenstruktur, Härte, mechanisches Verhalten, Geruch, Geräuschentwicklung oder Paßform. Diese Merkmale werden auch mittelfristig nicht darstellbar sein. Die Problematik ist derjenigen im Versandhandel ähnlich [187]. Aus diesem Grunde ist es wichtig, das Angebot entweder auf standardisierte Produkte zu beschränken[188] oder, wie im Versandhandel üblich, umfassende Rückgabemöglichkeiten anzubieten.
- **Umfang des Angebotes:** Wird der Käufer gezwungen, viele verschiedene Anbieter von E-Commerce aufzusuchen, weil die angebotene Produktauswahl der Anbieter zu klein ist[189], so geht der Vorteil der Schnelligkeit des Mediums „Internet" verloren. Die fehlende Strukturierung der Informationen im Internet verursacht dann einen erheblichen Anstieg der Suchzeit. Das Problem wird durch eine Nutzerumfrage bestätigt, bei der 17% konkretes Interesse, 22% kein Interesse und 61% Interesse an EC geäußert hatten, jedoch auf ein unterentwickeltes Angebot verwiesen. Gleichzeitig äußerten 46% aller befragten Unternehmen, fehlende Nachfrage sei eine Barriere für den Einsatz von EC in Deutschland[190].
- **Verifizierung von Käuferdaten:** Im klassischen Versandhandel liegt der Anteil der nicht ausgeführten Bestellungen bei ca. 45%. Dieser ist auch bei E-Commerce erreichbar, sofern Käuferadressen und -Bonität verifiziert werden. Ohne diese Verifizierung kann die Quote wesentlich höher liegen[191].

---

[187] Allerding bietet das Internet durch die Integration von Multimediaelementen mehr Möglichkeiten der Darstellung als ein gedruckter Katalog.

[188] Heute werden im btc-Bereich vor allem Bücher, Videokassetten, CDs, Computer oder Konsummarkenartikel verkauft; vgl. NI (1998). Im btb-Bereich erfolgt die Auswahl der Produkte und die Verhandlung über Qualität, Preis und Konditionen vor Ort. Nur die Abwicklung von Kauftransaktionen wird anschließend online getätigt. Dies zeigt, daß der Einsatz von E-Commerce persönliche Geschäftsbeziehungen nicht ersetzen kann, sondern nur die anfallenden Routinetätigkeiten vereinfachen kann.

[189] z.B. wenn sie nur einige ausgewählte Produkte des Verkäufers umfaßt

[190] vgl. KPMG (1997), S. 10

[191] In der Anfangszeit des virtuellen Einkaufszentrums „my-world.de" lag sie bei 60-70%. Grund waren Bestellungen, die nur spaßeshalber aufgegeben wurden; vgl. NI (1998)

## 7.5 Information

### 7.5.1 Situation

Das nichtmaterielle Produkt „Information“ wird in Form von gedruckten Werken, Beratungsdienstleistungen, Lizenzen etc. gehandelt. Dafür sind stoffliche Trägermedien erforderlich, deren Herstellung und Verteilung einen Großteil der entstehenden Kosten ausmachen können[192]. Information auf interaktiven elektronischen Medien, z.B. dem Internet, benötigen kein stoffliches Medium. Das WWW wurde zum Zweck des schnellen Auffinden von Informationen in einem verteilten Netzwerk entworfen. Deshalb eignet es sich sehr gut für Veröffentlichung, Verteilung und den Verkauf von Information. Nach einer Studie wird der internetgestützte Informationshandel im Jahr 2001 weltweit ein Volumen von 5,6 Mrd. US$ erreichen[193].

Tabelle 13 zeigt, wie das Internet den gegenwärtigen Herausforderungen bei Informationsangeboten Rechnung trägt:

**Tabelle 13: Eignung des Internet zur Publikation von Informationen**

| Herausforderung | Eigenschaft des Internet |
|---|---|
| kurze Verfallszeit der Information | Schnelligkeit |
| große verfügbare Informationsmenge | Interaktivität |
| zunehmende Zahl an Spezialpublikationen mit geringer Adressatenzahl | Geringe Kosten |
| Erfordernis hoher Auflagen zur rentablen Publikation | globale Verfügbarkeit |
| Publikation nur über einen Verlag möglich | Offenheit |

Dies läßt das Internet als Medium für Informationsangebote ideal geeeignet erscheinen. Informationsangebote im Internet sind jedoch geprägt durch

- Hohe Kosten für die Erstellung anspruchsvoller Angebote
- Die Auffassung der Internet-Nutzer, daß Information kostenlos sein sollte[194] und die
- Schwierigkeit der Erfassung und Steuerung von Reichweiten und Zusammensetzung von Zielgruppen.

[192] Bei der Tageszeitung „FAZ“ sind bereits die Vertriebskosten höher als der Einzelverkaufspreis; vgl. FAZ (1996)

[193] vgl. C'T (1998-2), S. 147

[194] vgl. KALAKOTA (1997), S. 9-2

Im WWW sind zahlreiche Angebote zu beobachten, die über ein Budget in Millionenhöhe, jedoch kein klares Geschäftsmodell verfügen. Diese Faktoren haben dazu geführt, daß die Mehrzahl der Informationsangebote im Internet bis heute nicht profitabel ist[195]. Daher ist die anfängliche Euphorie einer nüchternen Betrachtung der Sachlage gewichen. Im folgenden sollen deshalb die Möglichkeiten verschiedener Geschäftsmodelle und die mit Online-Publishing verbundenen Chancen und Risiken dargestellt werden.

### 7.5.2 Geschäftsmodelle

#### 7.5.2.1 Finanzierung

Online-Informationsangebote können nach der Art ihrer Finanzierung unterschieden werden in

- Werbefinanzierte
- Nutzerfinanzierte
- Mischfinanzierte und
- Provisionsfinanzierte

Angebote. Bei **werbefinanzierten** Angeboten versammelt der Informationsanbieter möglichst viele Nutzer auf seinen Seiten. Andere Anbieter plazieren dort Werbung in Form von sog. „Bannern" gegen Gebühr. Banner-Managementprogramme auf dem Server des Anbieters tauschen die Banner regelmäßig aus und registrieren die Wirksamkeit. Sie kann auf der Anzahl der „page impressions"[196] oder der „click-through-rate"[197] näherungsweise geschätzt werden.

Das Suchverhalten eines Nutzers und die ihm bereits gezeigten Banner können durch Auswertung der von Webservern standardmäßig erzeigten Logdateien[198] oder durch Textdateien geschehen, die auf dem Clientrechner abgespeichert werden („Cookies"). Die genaue Erfolgsmessung von Internetwerbung ist jedoch wegen unterschiedlicher Serverkonfiguration, dynamisch zugeteilter IP-Adressen, des Einsatzes von Proxyservern und der Editierbarkeit und Löschbarkeit von Cookies durch den Nutzer

---

[195] vgl. KALAKOTA (1997), S. 9-2 und S. 9-14. Bei einem der bekanntesten Online-Magazine, Time Warner's „Pathfinder" (www.pathfinder.com) wird der Verlust 1996 auf 8 Mio US$ geschätzt, Tendenz steigend. „Pathfinder" ist eines der meistbesuchten Online-Magazine mit 3-Monats-Anzeigenpreisen von ca. 30.000 US$.

[196] früher „page views". Der Begriff bezeichnet die Anzahl von potentiellen Sichtkontakten eines beliebigen Nutzers mit einer Internet-Seite.

[197] Dabei wird dem Betreiber der Seite für jedes Anklicken eines Werbebanners durch einen Nutzer ein bestimmter Betrag vergütet. Diese Meßmethode wird von Mediaplanern bevorzugt, da sie eine bessere Wirksamkeitsmessung bietet als der Aufruf von Seiten, bei denen Grafiken (d.h. auch Werbebanner) ausgeschaltet oder die Aufmerksamkeit auf andere Dinge gerichtet sein könnte.

[198] Der WWW-Server wertet die Header der eingehenden http-requests aus. Darin sind angeforderte Datei, Datum/Uhrzeit des Zugriffs, Client-Typ, E-Mail und IP-Adresse des Nutzers enthalten.

nicht möglich[199]. Obwohl inzwischen nur noch die Meßmethode „page impression" verwendet wird, behindern die Meßschwierigkeiten den Einsatz von Internet-Werbung beträchtlich[200].

Bei **nutzerfinanzierten** Angeboten bezahlt der Nutzer die von ihm aufgerufenen Informationen. Dies geschiet mangels Marktreife der Mikrozahlungssysteme heute meist mittels Abonnement-Lösungen. Die verlangte Registrierung und Vorab-Zahlung eines Betrages mittels Überweisung oder Kreditkarte stehen der gelegentlichen Nutzung entgegen und verursachen Zeitverzögerungen. Zudem ist die Preispolitik der Anbieter auf Geschäftskunden ausgerichtet[201].

Internet-Nutzer sind überwiegend der Ansicht, daß Information kostenlos sein müssen. Diese Auffassung wird durch viele kostenlose Informationsangebote hoher Qualität gefördert[202]. Das Ergebnis ist eine hohe Preissensitivität der Nutzer.

Die Einkünfte aus Werbefinanzierung reichen nicht aus, um ein Angebot profitabel zu machen. Daher bieten sich **Mischfinanzierungen** wie bei gedruckten Zeitschriften und Zeitungen an[203]. Auf diesem Geschäftsmodell bauen die Online-Dienste und Online-Magazine auf. Sie bereiten Informationen von Fremdanbietern auf und präsentieren sie in einer einheitlichen Oberfläche. Dafür erheben sie sowohl fixe als auch zeitabhängige Gebühren von den Nutzern und verkaufen Präsentationsfläche für Werbebanner an stark frequentierten Stellen.

**Provisionsfinanzierte** Informationsangebote beruhen auf der Vermittlung von Käufern für Produkte. Auf Informationseiten sind Hyperlinks plaziert, die auf ein kommerzielles Angebot hinweisen. Immer dann, wenn ein Nutzer einem solchen Link folgt und einen Kauf tätigt, wird dem Inhaber der Site eine Provision gutgeschrieben. Der Charakter der verwendeten Hyperlinks kann von einem einfachen Textlink bis hin zum interaktiven Banner reichen, welches als Applet ausgeführt ist und als einfaches virtuelles Geschäft funktioniert[204].

---

[199] vgl. HEINEN (1998), S. 136; 137

[200] vgl. KALAKOTA (1997), S. 9-20. Noch 1997 wurden zusätzlich „hits", „qualifizierte hits", „Nutzer", und „qualifizierte Nutzer" gemessen. Keiner der Begriffe entsprach jedoch den Bedürfnissen der Mediaplanung.

[201] Eine Volltextrecherche in der FAZ-Datenbank bei Genios kostet 2 DM für die Anzeige der Fundstellen und 3,50 DM je Artikel. Damit werden die hohen Fixkosten der Datenbankerstellung auf wenige Nutzer verteilt. Dem Anbieter ist offenbar nicht klar, daß die variablen Kosten beim Verkauf von Informationen über das Internet nahe bei Null liegen.

Die Verantwortlichen des „Wall Street Journal" dagegen verstehen mehr vom Internet und bieten ein Online-Abonnement für 50US$ jährlich an (www.wsj.com). Mit 500.000 Online-Abonnenten und 3.000 zusätzlichen Abonnenten täglich ist die Online-Ausgabe des WSJ deshalb eines der wenigen profitablen Internetangebote.

[202] z.B. Der Spiegel (www.spiegel.de), die Telekom AG (teleauskunft.de), Deutsche Bahn (bahn.hafas.de), Bank 24-Aktienservice (www.bank24.de), Managermagazin „Econy" (econy.de), u.v.m.

[203] vgl. KALAKOTA (1997), S. 9-14

[204] vgl. http://www.amazon.com/exec/obidos/subst/partners/associates/associates.html/002-0551897-0235622

Eine Variante dieses Geschäftsmodells ist der Betrieb eines Eingangsportals zum Internet, mit dem ein potentielle E-Commerce-Kunden zu kommerziellen Angeboten gelenkt werden. Der Betreiber des Portals erzielt seinen Umsatz mit Werbebannern, Umsatzbeteiligung an verkauften Produkten und/oder dem Verkauf von abgestimmter Software an beteiligte Unternehmen[205].

Eine Sonderform stellen **kostenlose** Informationsangebote dar, die der Unterstützung anderer kommerzieller Aktivitäten dienen und durch deren Erlöse quersubventioniert werden[206]. Im Bereich des Electronic Publishing können Verlage kostenlose Leseproben ihrer Erzeugnisse im Internet zur Verfügung stellen. So machen sie sich vom Buchhandel unabhängig und sparen dessen Handelsspanne ein[207]. Das gleiche gilt für Musikproduzenten, die unabhängig von Plattenfirmen ihre Musik verkaufen können. Dieses Szenario bietet die Möglichkeit eines weiteren Geschäftsmodells für **Intermediäre**, die das Angebot mehrerer Verlage zu einer virtuellen Buchhandlung zusammenfassen können.

### 7.5.3 Chancen und Risiken

Das neue Medium beinhaltet besondere Chancen und Risiken aus der Sicht von Anbietern und Nutzern. Aus der Sicht der Anbieter sind das

- **Neue Märkte und Kunden:** Ein wesentliches Merkmal elektronisch gespeicherter Information sind die geringen variablen Kosten. Sobald die Information erstellt ist, können beliebig viele Einheiten verkauft werden, ohne daß sich die Kosten wesentlich erhöhen. Wenn ein vorhandenens Angebot global verfügbar ist, so ermöglicht das Internet den Gewinn zusätzlicher Märkte und Kunden.

  Dabei muß jedoch eine Regionalisierung hinsichtlich Sprache und Inhalt im Hinblick auf Informationsbedarf und rechtliche Rahmenbedingungen stattfinden. Weiterhin müssen die grenzüberschreitende Abrechnung des Zugriffs und die Verfügbarkeit der Inhalte sichergestellt werden. Zur Abrechnung eignen sich Mikrozahlungssysteme oder Abonnementsysteme auf Kreditkartenbasis. Die lokale Verfügbarkeit erfordert bei hoher Last einen weltweiten Lastverbund der Server, auf denen die Information gespeichert ist[208].

- **Zeitnähe:** Ein Electronic Publishing-Angebot läßt sich von jedem Ort der Welt aus aktualisieren und steht sofort allen Nutzern in der aktuellen Version zur Verfügung.

[205] Als für Netscape das Geschäftsmodell „Browserhersteller" wegen der Gratis-Strategie von Microsoft obsolet wurde, wechselte das Unternehmen nach mehrfachen zweistelligen Millionenverlusten zu diesem Geschäftsmodell. Die Basis ist der Besitz der Adresse „netscape.com", die zu den meistbesuchten der Welt gehört. Andere Betreiber von Internetportalen sind der Suchdienst Yahoo und neuerdings Microsoft.

[206] z.B. Aktienkurse und -charts bei www.bank24.de

[207] im Buchhandel ca. 30% des Kaufpreises.

[208] hierbei wird der logische Name des Angebotes der IP-Nummer eines Rechners zugeordnet, der die Anfragen an denjenigen Server weiterleitet, der dem anfragenden Client am nächsten liegt.

Das Internet eignet sich also besonders für den Verkauf von Information, die häufig geändert oder aktualisiert werden (Nachrichten, juristische Informationen, Software, Grafikkollektionen, Unternehmens- und Börsendaten, technische Fachliteratur).

In der Zeitnähe liegt jedoch das Risiko, daß zugunsten der einfachen und kostengünstigen Verteilmöglichkeit auf die sorgfältige Redaktion der bereitgestellten Information verzichtet wird

- **Keine Zugangsbeschränkungen:** Alle herkömmlichen Medien erfordern zu ihrem Betrieb erheblichen Kapitaleinsatz und haben deshalb einen dedizierten Eigentümer. Dieser hat die Möglichkeit, den Zugang zu „seinem" Medium zu beschränken. Im Internet gibt es niemanden, der die Veröffentlichung und Verkauf von Information an alle anderen Nutzer verhindern kann. So entsteht für wenig kapitalkräftige Wirtschaftseinheiten die Möglichkeit, sich mit einem Informationsangebot an ein weltweites Publikum zu wenden. Dies ist eine Chance für Spezialverlage mit traditionell kleinen Druckauflagen, ihre Publikationen zu verkaufen[209]. Autoren können ihre Werke unter Umgehung von Lektoraten und Redaktionen direkt publizieren.

  Die Zugangsbeschränkungen (Lektorate, Redaktionen) haben beim traditionellen Informationsverkauf über gedruckte Medien für eine kritische Überprüfung des Informationsinhaltes gesorgt. Der Wegfall dieser Kontrolle wird zur Verwässerung der Unterschiede zwischen hoch- und niedrigwertiger Information führen[210]. Damit können neue Geschäftsmodelle von Intermediären entstehen, die vorhandene Informationen sichten, ordnen, auswählen, kommentieren und pflegen.

- **Schutz des Urheberrechtes:** Elektronisch gespeicherte Information läßt sich ohne nennenswerte Kosten so vervielfältigen, daß Kopien nicht als solche erkennbar sind. Mit jedem Kopiervorgang wird ein zweites Original erzeugt. Dies birgt für den Inhaber des Urheberrechtes das Risiko von unerlaubter Vervielfältung und Manipulation. Es ist nicht möglich, das Kopieren zu verhindern, denn alles, was sich am Rechner des berechtigten Nutzers darstellen läßt, läßt sich auch vervielfältigen. Dies kann nur mit einer in jedem Wiedergabegerät verankerten Urheberschutzkennung verhindert werden, wie sie derzeit für die Digital Video Disc im Gespräch ist.

  Unberechtigtes Kopieren wird auch durch den Einsatz proprietärer Dateiformate erschwert, die nur mit spezieller Software und einem Freischaltcode wiedergegeben werden können, den nur berechtigte Nutzer haben. Das Hypermedia-Konzept des

[209] Unterstützt wird das Geschäft kleiner Verlage zudem durch das Aufkommen leistungsstarker, flexibler Drucksysteme. Druckleistungen von 180 Seiten/Minute mit angeschlossem Bindesystem machen die Einzelfertigung von gedruckten Büchern nach Bedarf rentabel. Die Dateien sind im Internet abgelegt und werden über breitbandige Zugänge direkt in die Maschine geladen. Die Kosten für Lagerhaltung, Schwund und Remissionen fallen somit bei diesen Buchexemplaren weg.

[210] Die privaten Seiten von WWW-Nutzern sind oft Beispiele für niederwertige Information.

WWW macht dieses Vorgehen möglich, z.B. über ein Browser-Plug-in (s. Kap. 4.2.3, S. 37).

Eine andere Möglichkeit besteht in der Erzeugung **digitaler Wasserzeichen**. Das sind Metadaten, die Informationen über den Urheberrechtsinhaber, Käufer, Kaufzeitpunkt, die Zahl der erlaubten Vervielfältigungen etc. enthalten. Sie werden sichtbar oder unsichtbar, aber in jedem Fall untrennbar in die urheberrechtsgeschützte Datei eingebettet. Damit berechtigte Nutzer die Datei uneingeschränkt verwenden können, werden die Metadaten möglichst unauffällig im digitalen Rauschen der Datei verborgen[211]. Sie müssen außerdem robust gegen Entfernung, Kompression, Bearbeitung und Formatkonversionen sein. Digitale Wasserzeichen scvhränken die freie Verbreitung von Information nicht ein, Urheberrechtsverstöße lassen sich jedoch mit Suchmaschinen feststellen und im Streitfall nachweisen.

Für die Käufer von Informationen ergeben sich Chancen und Risiken aus

- **Individualisierung:** Die Hyperlink- und Hypermediastruktur des WWW eröffnet einem Informationskäufer die Möglichkeit, ausschließlich die für ihn relevanten Informationen zu erhalten. Bei herkömmlichen, linearen Medien wie Fernsehen oder Radio besteht weder die Möglichkeit, irrelevante Information auszublenden, noch relevante Information zu speichern[212].

  Hier besteht für den Nutzer das Risiko einer übertriebenen Selbstselektion der Information. Die Möglichkeit zur Selektion einzelner Artikel läßt die Wahrscheinlichkeit sinken, daß sich der Nutzer Informationen aussetzt, die nicht exakt in sein Suchraster passen. So wird ein eindimensionales Informationsverhalten gefördert, welches die gemeinsame Informationsbasis der Nutzer verkleinert. Ob dies zu Kommunikatinsproblemen oder eher zu gesteigertem Austausch führt, kann nicht vorhergesagt werden.

- **Direktzugriff von Information für Entscheidungsträger:** Die Dezentralisierung von Entscheidungsbefugnissen, wie sie im Zuge der „Lean Management"-Welle stattgefunden hat, erfordert auch die Versorgung der betreffenden Personen mit entsprechenden Informationen. Die Möglichkeit individualisierter, direkter Informationsversorgung erleichtert die Informationsbeschaffung von Entscheidern ohne Zwischeninstanzen.

---

[211] Digitales Rauschen ist nur bei Bild- Video und Tondateien enthalten. Textdateien können Metadaten in Form von minimal variierten Buchstaben- und Zeilenabständen enthalten.

[212] Es ist zwar möglich, Radio und Fernsehen auf Kassetten aufzunehmen, die Zugriffszeiten sind für eine gezielte Suche in einem Informationspool aber zu lang. In der Archhivierbarkeit und der Selektionsmöglichkeit liegt auch der Grund, warum sich Zeitungen gegnüber Radio und Fernsehen bis heute behauptet haben. Das Internet ist das erste *elektronische* Medium, welches diese Möglichkeiten ebenfalls bietet und sie durch das Hypermedia-Konzept und Volltextsuche sogar übertrifft.

Ein Risiko liegt hier in der geringeren Kontrolle der übergeordneten Instanzen über das Informationsverhalten der dezentralen Entscheider.

### 7.5.4 Spezielle Erfolgsfaktoren

Zusätzlich zu den in Kap. 7.2 genannten Faktoren sind für den erfolgreichen Verkauf Informationen die folgenden Faktoren wichtig:

- **Preisgestaltung:** Die variablen Kosten beim Informationsverkauf im E-Commerce liegen nahe bei Null. Vor diesem Hintergrund und wegen der bekanntermaßen hohen Preissensitivität bei privaten Nutzern ist abzuwägen, ob durch hohe Preise Exklusivität garantiert wird[213] oder ob durch niedrige Preise eine weite Verbreitung mit der Möglichkeit zusätzlicher Werbeeinnahmen erreicht werden soll. Werden Informationen sowohl auf stofflichen Medien als auch elektronisch verkauft, so sind Verdrängungseffekte zu kalkulieren und zu erwarten. Kostenlose Parallelangebote sind im Hinblick auf die mögliche Verärgerung der zahlenden Nutzer zu vermeiden[214].
- **Inhalt:** Die Gewöhnung der Nutzer an kostenlose Information kann nur durch die Bereitstellung von exklusiven, geldwerten und zielgruppenorientierten Inhalten überwunden werden. Um dem Vergleich mit möglicherweise ähnlichen, kostenlosen Angeboten standzuhalten, müssen sie zeitsparend aufbereitet sein, inhaltliche Tiefe bieten und von einer kompetenten Redaktion ausgewählt werden.
- **Testmöglichkeit:** Bei Informationen machen Rückgabeangebote keinen Sinn, deshalb muß der Käufer die Möglichkeit niedrigschwelliger Testangebote erhalten. Dies kann in Form kostenloser Probe-Abonnements, der kostenlosen Bereitstellung ausgewählter Dokument bzw. Dokumentauszügen sowie einer „Geld-zurück-Garantie" geschehen.
- **Durchsetzung des Urheberrechtes:** Die Investitionen für die Erstellung hochwertiger Inhalte können nur durch weitgehende Durchsetzung des Urheberrechtes geschützt werden. Hierfür sind aufgrund der Fortschritte in Technologie und Verbreitung und der einfacheren Handhabung digitaler Wasserzeichen diese den proprietären Lösungen vorzuziehen (s. Kap. 7.5.3).
- **Mikrozahlung:** Bei der Marktreife der ersten Mikrozahlungssysteme sollte eines davon als Zahlungsmöglichkeit implementiert werden. So wird ein Medienwechsel bei der Zahlung vermieden und den speziellen Eigenschaften von Informationsprodukten wird Rechnung getragen. Für ihre Abrechnung eignen sich wegen der Unmöglichkeit der Rückgabe finale Zahlungsmethoden, wie sie bei der Zahlungsart „elektronisches Geld" zur Verfügung stehen.

---

[213] z.B. damit der Kauf der Information dem Käufer einen Wettbewerbsvorteil verschafft.

[214] Das Buch „Electronic Commerce–A Manager's guide" ist kostenlos unter http://ravi.gcatt.gatech.edu/ECMindex.html und gegen Entgelt als Buch erhältlich.

## 7.6 Bankdienstleistungen

### 7.6.1 Situation

Die Bankbranche befindet sich seit einigen Jahren in einem tiefgreifenden Umbruch. Sie sieht sich den folgenden Herausforderungen gegenüber[215]:

- Kundendifferenzierung: Auf der einen Seite stehen Preissensibilität und niedrige Ansprüche an Serviceleistungen, auf der anderen Emanzipizierung und hohe Ansprüche an Beratung, Betreuung und Service seitens der Generation der „neuen Erben" und Unternehmenskunden.
- Mangelnde Präsenz hochqualifizierter Mitarbeiter im weit verteilten Filialnetz
- Eindringen von Nichtbanken und ausländischen Instituten in traditionelle Bankbereiche (Kreditkartenunternehmen und Netzbetreiber, Banken der Autohersteller) [216]
- Flexibilität der Kunden (d.h. höhere Bereitschaft, die Bank zu wechseln)
- Dominanz des Filialgeschäftes (Absatz von 90% der Finanzdienstleistungen über das Filialnetz)
- Anteil der Personalkosten an den Gesamtkosten von 70% und steigende Tendenz der Kosten je Mitarbeiter
- geringe Zinsspannen
- hoher Anteil von Routine im klassischen Filialgeschäft [217]
- Orientierung der Personalausstattung der Filialen an Spitzenbedarfen (Leerkapazität)
- Auftreten technischer Innovationen wie dem Internet.

### 7.6.2 Technische Funktionsweise

Nach der Art des verwendeten Computernetzes ist zunächst zwischen **„Online-Banking"** (proprietäres Netz, z.B. „t-online") und **„Internet-Banking"** (Internet als Medium) zu unterscheiden. Dies entspricht der Einteilung in **„offene"** und **„geschlossene"** Systeme. Banking-Lösungen, die auf Internet-Technologie aufsetzen (WWW, Java) sind flexibler, und einfacher zu aktualisieren als geschlossene Systeme. Bei diesen können neue Merkmale erst nach der Aktualisierung der verwendeten Software verwendet werden.

---

[215] vgl. BETSCH (1996), S. 4; 6; 8

[216] vgl. MILKAU (1996), S. 6

[217] 82% der personellen Kapazität werden durch Bedienung, Verwaltung und Overhead beansprucht, nur 18% stehen für die lukrativere Beratungstätigkeit zur Verfügung. Das reale Wachstum der Arbeitsproduktivität im Banksektor ist um über 50% gegenüber dem Wirtschaftsdurchschnitt zurückgeblieben, vgl. BETSCH (1996), S. 2; 9

Elektronische Banktransaktionen basieren in beiden Fällen auf Nachrichten, die zwischen Client und Server ausgetauscht werden und auf Serverseite von einem Gateway in das Transaktionsnetz der Bank weitergegeben werden. Graphische Benutzeroberfläche, Verarbeitung und logische Prüfung der Eingaben werden durch Banksoftware auf dem Client realisiert, die von der Bank zur Verfügung gestellt wird. Sie muß installiert und regelmäßig aktualisiert werden, um bekanntgewordene Sicherheitsmängel zu beheben und neue Funktionen implementieren zu können. Der regelmäßige Versand neuer Software-Versionen ist jedoch kostenintensiv und ein Anteil der Kunden wird möglicherweise aus Bequemlichkeit auf eine Aktualisierung verzichten. Das damit verbundene Sicherheits- und Funktionsrisiko kann vermieden werden, wenn die Client-Software bei jedem Start des Browsers aus dem Netz geladen und ausgeführt werden kann. Dafür eignet sich die Gestaltung des Programms als „Applet" (s. Kap. 4.3.3).

Dieses Konzept hat im Bankbereich den weiteren Vorteil, daß die Herkunft der Software durch eine Signatur des Applets überprüfbar ist. So ist die Einschleusung von Trojanischen Pferden in den Client stark erschwert. Zudem ist die Ausführung der Transaktion unabhängig von einem bestimmten Rechner, auf dem die Banksoftware installiert sein müßte, da jeder gängige WWW-Browser in der Lage ist, Applets auszuführen. Die Vorteile der orts-, zeit- und rechnerunabhängigen Kontenführung werden auf diese Weise realisiert.

### 7.6.3 Geschäftsmodelle

Die elektronische Transaktionsabwicklung bietet den preissensitiven Kunden kostengünstige, automatisierte Standardprodukte, ohne hochqualifiziertes Personal in den Filialen zu binden. Das Anbieten von Bankdienstleistungen mittels E-Commerce kann nach der Länge der erzeugten Wertschöpfungskette auf drei verschiedenen Geschäftsmodellen aufbauen:

- Elektronische Transaktionsabwicklung zur Ergänzung des herkömmlichen Filialgeschäftes
- Ausschließlich elektronische Transaktionsabwicklung („virtuelle Bank") und
- Intermediär.

#### 7.6.3.1 Unterstützung des Filialgeschäftes

Das Bankgeschäft besteht aus drei Produktgruppen: Transaktionsdurchführung, Kreditvergabe und Geldanlage. Die unterschiedlichen Kundengruppen nutzen diese Produkte in unterschiedlichem Maße, die herkömmliche Filialstruktur der Banken ist jedoch auf die Vollversorgung aller Kunden ausgerichtet. Dies führt trotz hoher Kosten für qualifiziertes Personal zu einer Unterversorgung der anspruchsvollen Kunden mit Beratungsleistungen. Sie tendieren deshalb zur Abwanderung zu spezialisierten Dienstleistern aus dem Nichtbankenbereich. Gleichzeitig nutzen viele preissensitive

Kunden lediglich die wenig lukrativen Standardleistungen im Rahmen der Führung von Girokonten. Dadurch wird das Personal mit Routinetätigkeiten gebunden.

Hier kann die Bank im Rahmen von Electronic Commerce das Internet nutzen, um die Ertragssituation aus der letzteren Gruppe zu verbessern. Die Bank spart Kosten durch die Erfassung der Transaktionsdaten durch den Kunden, die automatisierte, medienintegrierte Abwicklung der Transaktion, die Entzerrung von Stoßzeiten (weniger Leerkapazität) und den verringerten Einsatz von Filialen. Dem Kunden emtstehen bei näherer Betrachtung jedoch zusätzliche Kosten, da er die Verbindungsentgelte, Internetzeit sowie die Bereitstellung eines Computers zu tragen hat. Sollte sich diese (geringe) Kostenbelastung als Hindernis bei der Einführung von EC-Lösungen herausstellen so kann die Bank auch den Internetzugang und eine kostenlose Telefonnummer bereitstellen.

Durch die Entlastung der Filialen von den wenig lukrativen Routinetätigkeiten[218] werden qualifizierte Mitarbeiter für intensive Beratungs- und Akquisitionstätigkeit bei den anspruchsvollen Kunden frei. Somit werden die vorhanden, qualifizierten Kapazitäten besser genutzt.

#### 7.6.3.2 Virtuelle Bank

Eine Virtuelle Bank muß nicht über Filialen oder eigene Bankautomaten verfügen. Trotzdem wird auch sie Personal und evtl auch Filialen zur persönlichen Beratung anspruchsvoller Kunden unterhalten. Auch ein engmaschiges Netz an Geldautomaten ist erforderlich. Das Leistungsangebot kann von einer Vielzahl an spezialisierten Dienstleistern erstellt werden[219]. Über das Internet ist es möglich, für den Kunden eine Sicht auf diese Objekte zu erzeugen, die der Wahrnehmung einer Bank entspricht. Zu den virtuellen Banken gehören die eigenständigen Direktbanken, die ihre Geschäfte ausschließlich über das Telefon und das Internet abwickeln. Durch die Einbindung spezialisierter Partner sind Zusatzleistungen möglich, die der virtuellen Bank eine Differenzierung gegenüber den Wettbewerbern ermöglicht.

#### 7.6.3.3 Intermediär

Mit der Nutzung von Computernetzen zur Abwicklung von Finanztransaktionen haben sich Softwareunternehmen und Kreditkartenorganisationen als Intermediäre zwischen die Kunden und die Banken geschoben. Sie sind aus verschiedenen Gründen eine Gefahr für die Banken:

- Die Transaktionsdaten fallen beim Intermediär an, der somit genaueres Wissen über das Kundenverhalten als die nachgeschalteten Banken erlangt

[218] ausgehend von der Annahme, daß das Ertragspotential bei Transaktionsabwicklung und Kreditvergabe gering ist und durch zunehmenden Wettbewerb gering bleiben wird. vgl. BETSCH (1996), S. 9

[219] vgl. KALAKOTA (1997), S. 7-3

- Der Intermediär bestimmt das Interface, über das die Kunden mit der Bank in Verbindung treten[220]
- Intermediäre sind auch als Nichtbank in der Lage, Transaktionen abzuwickeln und somit Bankdienstleistungen zu kannibalisieren
- Ihre Innovationszyklen sind mit 6-9 Monaten wesentlich kürzer als diejenigen der Banken[221], da sie sich auf bestimmte Dienstleistungen konzentrieren können, die in das Angebot virtueller Banken eingeflochten werden.

Beispiele für solche Intermediäre sind die Unternehmen

- Intuit: Finanzverwaltungssoftware „Quicken“ für Privat- und kleine Geschäftskunden sowie Transaktionsdurchführung
- Digicash: Anbieter der elektronischen Währung „E-Cash“ sowie
- „t-online“: Online-Dienst mit eigenem Zahlungssystem „t-online billing“ mit Einzug über die Telefonrechnung.

### 7.6.4 Chancen und Risiken

Der Einsatz von EC-Lösungen im Bankbereich beinhaltet sowohl für Kunde als auch Banken zusätzlich zu den in Kap. 7.3 genannten einige spezifische Chancen und Risiken.

- **Kostensenkung:** Qualifikation und Eingabe der Transaktionsdaten durch den Kunden ohne Medienbruch verringern die in der Bank zu leistende Arbeit und eliminieren die Handhabung von Papierbelegen. Sofortige Plausibilitätsprüfung der Eingaben sorgt für geringe Fehlerraten. Die Realisierung von Präsenz durch Automaten ermöglicht die Ausdünnung der Filialstruktur.

  Das Risiko besteht hier darin, daß nicht alle Kunden in der Lage sind, die komplizierte Technik zu begreifen und zu bedienen (Automaten) oder sogar anzuschaffen und zu unterhalten (Internetbanking)[222].Außerdem ist gerade vor dem Hintergrund steigenden Wettbewerbsdrucks durch ausländische Finanzdienstleister zu beachten, daß die persönliche Beratung nicht vernachlässigt wird.

- **Erlössteigerung:** 20% der kleinen US-Unternehmen sind bereit, 100 US$ monatlich für elektronische Transaktionsabwicklung zu bezahlen[223]. Es kann angenommen werden, daß der Betrag in Deutschland ähnlich hoch liegt, das Marktpotential ist

[220] vgl. BETSCH (1996), S. 19

[221] vgl. KALAKOTA (1997), S. 7-3

[222] Hier bietet sich das gelegentlich beobachtbare Beispiel von der alten Frau an, die mit einigen Papieren und ihrem Sparbuch an den Bankschalter kommt und der Bankangestellte selbst herausfinden muß, was unternommen werden muß. Alleine die Notwendigkeit, eine PIN zu behalten, kann für ältere Menschen ein unüberwindbares Hindrernis darstellen.

[223] vgl. KALAKOTA (1997), S. 7-20

jedoch wegen der geringeren PC-Dichte in Deutschen Klein-und Mittelunternehmen geringer anzusetzen. Hier liegt, wie in anderen Feldern von EC-Anwendungen auch, das größere Potential im business-to-business-Bereich. Die Hauptvorteile von E-Commerce im Bankenbereich sind die Integration von Geschäftsprozessen sowie neue Formen von Dienstleistungen. Sie kommen im btb-Bereich besser zur Geltung, da die dort eingesparte Arbeitszeit mit hohen Stundensätzen kalkuliert wird[224]. Private Haushalte kalkulieren dagegen ihre Zeitkosten nicht explizit, weshalb sie hier preissensitiver sind.

Implementierung und Betrieb eines Netzwerkes für elektronische Transaktionen verursachen zwar geringere Kosten als ein klassisches Filialnetz, die Investitionssumme ist jedoch immer noch erheblich. Mit einer auf Privatkunden ausgerichteten Direktbank können jedoch keine *zusätzlichen* Erlöse erzielt werden, da die Zahl der geführten Konten[225], der ausgeführten Transaktionen, der Kreditvergaben und der angelegten Gelder nicht durch die Möglichkeit des Internetbanking steigen wird[226]. Für die Banken besteht der Anreiz der Realisierung darin, vorhandene Kunden zu binden. Die Pionierunternehmen können zudem darauf hoffen, daß sie Kunden von der Konkurrenz abwerben, die Internet-Banking betreiben wollen.

- **Weltweite Verfügbarkeit:** Ein herkömmliches Konto kann ausschließlich an dem Ort der kontoführenden Filiale oder an einem Bankautomaten des betreffenden Institutes verwaltet werden. Das Internet dagegen läßt jeden PC mit Internet-Zugang und Browser zu einem Automaten dieser Bank werden. Vielreisende Privat- und Geschäftskunden haben so auch unterwegs die Kontrolle über ihre Konten.

  Bei der Eröffnung eines Konto über das Internet besteht jedoch die Gefahr, daß falsche Identitäten angegeben werden. Dies würde vielgestaltige Möglichkeiten der Geldwäsche und des Betrugs eröffnen. Deshalb muß eine einmalige, persönliche Identifizierung stattfinden.

- **Konzentration von Fachwissen:** Electronic Banking bietet die Möglichkeit, sowohl preisgünstige, automatisierte Standard-Dienstleistungen für preissensitive Kunden zu erbringen als auch Expertenwissen punktuell dort einzusetzen, wo es benötigt wird und dann auch die entsprechenden Erträge möglich macht. Heute sind 70% der Kunden einer Bank marginale bzw. deckungsbeitragsnegative Kunden[227]. Auch ihnen

---

[224] Die manuelle Verarbeitung eines Schecks kostet ein Unternehmen in den USA durchschnittlich 9 US-Dollar (KALAKOTA (1997), S. 7). Das Software-Unternehmen Intuit berechnet seinen „Quicken"-Kunden bei Scheckzahlungen an nicht-assoziierte Unternehmen 6 Dollar für maximal 20 monatliche Zahlungen, d.h. 30 Cents statt 9 Dollar je Transaktion (KALAKOTA (1997), S. 11).

[225] Online geführte Konten können sogar ohne Aufpreis mehrere Unterkonten beinhalten (www.bank24.de).

[226] Es wird eine Kannibalisierungsrate durch die Gründung einer Direktbank von 25% angenommen, vgl. BETSCH (1996), S. 16

[227] vgl. BETSCH (1996), S. 11

muß ein Mindestmaß an Beratung geboten werden. Da die automatisierte Beratung keinen flächendeckenden Einsatz von hochqualifiziertem Personal mehr erfordert, sind auch mit diesen Kunden zukünftig Deckungsbeiträge zu erwirtschaften. Das hochqualifizierte Personal, welches nicht nur Fachwissen, sondern auch akquisitorisches Geschick besitzt, kann sich dagegen auf die Bindung der 30% profitablen Kunden und die Gewinnung neuer Kunden[228] konzentrieren.

### 7.6.5 Spezielle Erfolgsfaktoren

Die Realisierung der in Kap. 7.6.4 dargestellten Chancen hängt von der Beachtung der folgenden Erfolgsfaktoren für Planung und Implementierung einer EC-Lösung für Finanztransaktionen ab:

- **Preisgestaltung:** Als Obergrenze der akzeptierten monatlichen Kosten für Privatkunden werden für die USA ca. 10 US$ genannt[229], in Deutschland sind Kontoführungsgebühren unter 5 DM/Monat üblich[230]. Diese Preisgestaltung ist nicht kostendeckend, was an den Verlusten der deutschen Direktbanken abgelesen werden kann. Die Preise müssen jedoch vorübergehend niedrig sein, um eine für den profitablen Betrieb ausreichende Kundenzahl zu erreichen.

  Im traditionellen Bankgeschäft war die Preisgestaltung durch Quersubventionierungen und verdeckte Ertragsquellen gekennzeichnet. Vor dem Hintergrund zunehmender Sachkenntnis und Wechselbereitschaft seitens der Kunden ist für die zukünftige Preisgestaltung die Beachtung des Verursacherprinzips erforderlich[231]. Zur Bindung der Kunden bieten sich Bonussysteme und das Anbieten von Leistungspaketen an, deren Preis geringer ist als die Summe der enthaltenen Dienstleistungen.

- **Marketingziel:** Bequemlichkeit ist ein wichtiges Argument für Internet-Banking, jedoch zählt im Finanzbereich die Kontrolle über Einnahmen und Ausgaben langfristig stärker. Auch die Sicherheit des verwendeten Netzwerkes und Software soll nicht in den Vordergrund gestellt werden, da die gemachten Aussagen von den Kunden nicht nachvollzogen werden können[232].

- **Sicherheit:** In Kap. 5.1 wurde Sicherheit als Schutz vor Angriffen definiert. Sie richten sich hauptsächlich auf lohnende Ziele. Sofern das Ziel des Angreifers finanzieller Gewinn ist, werden EC-Angebote mit Finanztransaktionen eines der

---

[228] vgl. BETSCH (1996), S. 11

[229] vgl. KALAKOTA (1997), S. 7-20. Oberhalb dieser Summe sinkt die Bereitschaft zum Internet-Banking stark ab.

[230] Dies gilt nicht für „herkömmliche" Konten, die zusätzlich zum Schalterbetrieb über Online-Dienste oder das Internet geführt werden.

[231] vgl. BETSCH (1996), S. 20

[232] vgl. BETSCH (1996), S.

Hauptuiele sein. Deshalb muß gewährleistet sein, daß das Angebot dem aktuellen Stand der Technik entspricht. Andererseits wird es bei Bekanntwerden von Lücken zu Image- und Kundenverlust führen

- **Zusatzdienstleistungen:** Das wirksamste Argument für Internetbasierte Transaktionen ist die Möglichkeit verbesserter Kontrolle des Kunden über seine Finanzen[233]. Dies muß durch entsprechende Funktionen unterstützt werden. Denkbar sind hier das Bereithalten von Software auf dem Server, mit der Szenarien für Geldanlagemöglichkeiten, Finanzstatus, die Berechnung von Finanzierungen oder die Steuererklärung erstellt werden können. Unterkonten erleichtern die Gliederung der Finanzen, die automatische Saldierung verschiedener Konten verringert unnötige Kosten für Zwischenfinanzierungen. Ausgaben können budgetiert und die Einhaltung der Budgets überwacht werden. Diese Funktionen entsprechen denen verbreiteter Finanzplanungssoftware, die von Zahlungsverkehrs-Intermediären wie Intuit angeboten werden.

[233] vgl. KALAKOTA (1997), S. 9-20

# 8 Zusammenfassung und Ausblick

## 8.1 Ergebnisse

Electronic Commerce hat das Potential, die Produktivitätssteigerungen der Fabrikproduktion auch für die Informationsverarbeitung nachzuvollziehen. Die in den Fabriken realisierte Flexibilisierung findet im E-Commerce ihr Gegenstück in Form von intelligenten Dienstleistungen wie der Maßfertigung von materiellen oder immateriellen Produkten.

Trotz der extensiven Berichterstattung in den Medien steht der Einsatz von Internetbasiertem Electronic Commerce noch am Anfang, es dominieren defizitäre Pilotprojekte. Die größten Hemmfaktoren in Deutschland sind hohe Telekommunikationskosten, geringe Netzbandbreiten, fehlende Sicherheitsinfrastrukturen, geringe Flächendeckung mit PCs und die geringe Zahl vorbildlich implementierter EC-Lösungen. Die Lösung der technischen Probleme ist mit der Liberalisierung im Telekommunaktionsmarkt, neuen Übertragungstechniken (ADSL), Sicherheitsprotokollen (SET, Signaturen) und sinkenden PC-Preisen absehbar.

Hinsichtlich des geringen Angebotes existiert wie bei anderen Neuerungen auch das Henne-Ei-Problem: Ohne (korrekt implementiertes !) Angebot keine Nachfrage, ohne Nachfrage keine Investitionen in Angebote. Die Schwierigkeiten mögen auf die Vielfalt der relevanten technischen und betriebswirtschaftlichen Aspekte zurückzuführen sein. Diese umfassen Gebiete aus Nachrichtentechnik, Client/Server-Systemen, Datenbanken, Softwareentwicklung, Mathematik, Systemanalyse, Kommunikationsdesign, Projektmanagement, Unternehmensstrategie, Logistik, Marketing u.v.m. Zudem wird die technische Entwicklung in Innovationszyklen von wenigen Monaten vorangetrieben. Dies führt dazu, daß sich das Thema „Electronic Commerce" nur schwer abgrenzen läßt.

Aufgrund der schwierigen Ertragssituation von EC-Angeboten, die sich an Privatkunden richten, überwiegt der Umsatz der btb-Anwendungen. Hier können die schon in den 70er Jahren als sinnvoll erkannten und unter dem Schlagwort „EDI" realisierten Konzepte umgesetzt werden. Der btb-Bereich ist von hohen, kalkulierbaren Arbeitskosten geprägt, die durch E-Commerce gesenkt werden können. Nach dem btb-Bereich werden business-to-consumer-Lösungen zunehmende Umsätze erzielen. Die Grundlage dafür ist das zunehmende Zeitbewußtsein der Endkunden und der Wunsch nach individualisierten Angeboten von materiellen und immateriellen Produkten auf der anderen Seite.

## 8.2 Kritische Betrachtung

Den zahlreichen, ausgiebig erläuterten Chancen und Risiken für Anbieter und Nutzer stehen auch gesamtgesellschaftliche Aspekte gegenüber.

So ist immer wieder von **Rationalisierungsmöglichkeiten** die Rede, welche zur Kostensenkung bei gleichzeitig steigender Qualität der erbrachten Dienstleistungen beitragen. Aus dieser Sicht stellt der abzusehende flächendeckende Einsatz von Electronic Commerce einen Sprengsatz von bisher selten erfahrener Brisanz dar.

Die Rationalisierungserfolge der letzten Jahrzehnte im Bereich der industriellen Produktion materieller Produkte haben Millionen Arbeitskräfte mehr freigesetzt, als durch neue Technologien neu geschaffen wurden. Damit verbunden war insbesondere die Verdrängung von geringer zugunsten hoher Qualifikation. Das unterstellte Modell nahm an, daß die abgebauten Arbeitsplätze im schlecht rationalisierbaren Dienstleistungsbereich neu geschaffen würden („Dienstleistungsgesellschaft").

Nun existiert mit dem Internet erstmals ein Medium, mit dem Informationen, sofern sie einmal erstellt wurde, einer Vielzahl von Nutzern automatisch, schnell und auf individuelle Bedürfnisse zugeschnitten zugänglich gemacht werden können[234]. Somit ist es nicht mehr erforderlich, eine große Zahl an qualifizierten (und deshalb teuren) Mitarbeitern zur flächendeckenden Vermittlung dieses Wissens bereitzuhalten. Die Annahme, daß Dienstleistungen wenig rationalisierbar (weil nicht lagerfähig) seien, ist damit für diejenigen Bereiche widerlegt, in denen Informationsweitergabe ein wesentlicher Teil der Dienstleistung ist.

Die Rationalisierung wird in zwei Wellen verlaufen. Zunächst werden zu Lasten von Millionen durchschnittlich qualifizerten Informationsverarbeitern die ausgeführten Routinetätigkeiten automatisiert. Die betroffenen Arbeitsplätze werden durch wenige, hochqualifizierte Kräfte ersetzt, die die entsprechenden Systeme aufbauen, ,it Wissen ausstatten und betreiben. In einer zweiten Welle geschieht das gleiche mit höher qualifizierten Wissensvermittlern (Bank- und Versicherungsangestellte, Berater, Lehrer, Rechtsanwälte, Ärzte, Ingenieure).

Eine Studie schätzt die Anzahl der qualifizierten Arbeitsplätze, die in den nächsten zehn Jahren alleine in Deutschland durch den Einsatz von E-Commerce eingespart werden können, auf 6 Millionen. Im Bankbereich wären dann 420.000 von 700.000 Arbeitsplätzen überflüssig (60%), im Handel 1,7 von 3,3 Milionen (52%), außerdem 300.000 von 800.000 Witschafts- und Rechtsberatern (38%)[235]. Neue Arbeitsplätze können nach dieser Studie in der Informationstechnolgie selbst als auch in neu entstehenden Branchen entstehen, deren Zahl jedoch spekulativ ist. Die Erfahrung zeigt jedoch, daß beim Auftreten von Basisinnovationen der Arbeitsplatzsaldo regelmäßig

---

234 und somit in Wissen umzusetzten

235 vgl. Thome (1997)

negativ ist. Die Zahl der neu entstehenden Arbeitsplätze wird sicher eine Million nicht überschreiten; in der Presse und in Bedarfsanalysen von Branchenvertretern werden für die IT-Branche regelmäßig einige 100.000 Arbeitsplätze genannt. Dies deutet die Größenordnung des zu erwartenden negativen Saldos an.

Ferner ist die Betrachtung der **Datenschutzaspekte** von E-Commerce wichtig. Durch den Einsatz von EC liegt ein immer größerer Anteil aller erzeugten Information in digitaler Form vor. Gekoppelt mit einer weiterhin rasanten Entwicklung von Mikroprozessoren, Speichertechnologien und Sensorik[236] macht dies den flächendeckenden Zugriff interessierter Organisationen (Regierungen, Unternehmen, organisiertes Verbrechen, internationaler Institutionen) auf private Daten möglich. Dabei wird insbesondere die „Gesinnungsschnüffelei" erleichtert, weil sich Datenströme flächendeckend automatisiert erheben und auswerten lassen. Sie werden so erstmals in der auch handhabbar[237]. Bezeichnend für diese Gefahr ist die vorläufige Zurückstellung der deutschen Telekommunikationsüberwachungsverordnung nicht wegen grundsätzlicher, sondern Kostenbedenken[238].

Die **Dominanz des Themas „E-Commerce" in den Fachmedien** erinnert an die EDI-Hoffnungen in den 70er Jahren, die CIM-Begeisterung in den 80ern oder die „Business Reengineering" Welle der 90er Jahre. Alle genannten integrierten Technologien haben die geweckten, übertriebenen Hoffnungen nicht erfüllt. In der Realität reicht die Funktionalität vieler kommerzieller Websites nicht über die Online-Katalogbestellung hinaus, die Nutzung ist in vielen Fällen von Fehlern bei Strategie, Konzept, Implementierung oder Betrieb geprägt. Die Schwierigkeiten, mit denen selbst finanzkräftige Pioniere zu kämpfen haben, sind beträchtlich[239]. Alle E-Commerce-Interessenten sollten sich *nüchtern* mit der Materie auseinandersetzen, sonst entstehen überzogene Erwartungen mit dem Ergebnis, daß die Protagonisten des Trends[240] als einzige vom E-Commerce profitieren.

Es darf nicht ignoriert werden, daß es sich bei E-Commerce-Angeboten in technischer, rechtlicher, betriebswirtschaftlicher und organisatorischer Hinsicht um höchst komplexe Systeme handelt. Die Kosten für ihre (korrekte !) Implementierung sind hoch, die Systemverfügbarkeit subjektiv niedrig. Bereits die Installation und der Betrieb eines

---

[236] z.B. in Nummernschild- Gesichtserkennungs- und Verhaltensanalysesysteme

[237] Während z.B. der Staatssicherheitsdienst der DDR an den angelegten Mengen an Papier- und Bandaufzeichnungen scheiterte und das Ende des Regimes nicht einmal ahnte, können die einigen zehntausend Mitarbeiter des „Echelon"-Projektes der angloamerikanischen Staaten einen Großteil des internationalen Daten- Fax- und Telefonverkehrs tatsächlich filtern und relevantes Material bearbeiten (vgl. Kap. 5.2.1.1)

[238] vgl. C't (1998-4)

[239] vgl. ZEIT (1997-1): virtuelles Geschäft für Flugtickets, Forrester (1996): Verluste des Online-Magazins Time Warner „Pathfinder" sowie NI (1998): Betriebskosten und Umsatz des virtuellen Einkaufszentrums „my-world".

[240] d.h. Hard- und Softwareunternehmen, Kongreßveranstalter und Berater

alleinstehenden PCs verursachen heute Probleme, die selbst für Fachleute keineswegs trivial sind. Ein E-Commerce-System besteht aus vielen vernetzten PCs, Modems, Telefonanlagen, Call-Centern, Gateways, Datenbanken, Firewalls, Routern und Switches. Darau laufen verschieden stabile Betriebssystemen und Anwendungen verschiedener Hersteller und Versionen. Die systeme sind außerdem auf reibungsfreie Intranet und Logistik-Anbindung und gute Telekommunikationsleitungen angewiesen. Dazu kommt die Aufgabe, den Betrieb unter Performanceaspekten und in Echtzeit zu optimieren. Es muß also die Frage nach der Beherrschbarkeit eines solchen Systems gestellt werden[241]. Sollte es sich herausstellen, daß die Beherrschbarkeit nur zu sehr hohen Kosten erreichbar ist, so ist dies ein erheblicher Wettbewerbsnachteil für kleine und mittlere Unternehmen, die die notwendigen Investitionen nicht finanzieren können.

Bevor diese Arbeit mit einem Ausblick abschließt, sollen noch ein Aspekt soziologischer Art erwähnt werden. Nicht jeder Mensch kann die neuen Technologien in gleichem Maße adaptieren, weil es Unterschiede in Bildungsstand, geistigem Horizont und finanzieller Ausstattung gibt. Sofern wichtige Angebote eines Tages nur noch über elektronische Medien zugänglich sind[242], werden sich für bestimmte Gruppen Nachteile ergeben.

## 8.3 Ausblick

Die in der KPMG-Studie (s. Kap. 7.2) genannten kritischen Erfolgsfaktoren stellen Hindernisse bei der Realiserung von E-Commerce-Angeboten dar. Mit zunehmender Erkenntnis des strategischen Potentials und technischem Fortschritt bei Sicherheit und Zahlungssystemen wird die Schwelle für die Realisierung von Electronic Commerce-Lösungen niederiger. Für die Jahre 1998 und 1999 wird in dieser und anderen Studien eine Welle von EC-Implementierungen und damit verbundenen Reorganisationen vorausgesagt. Allerdings sind folgende Tatsachen zu bedenken:

- Weltweit müssen in diesen Jahren die Projekte zur Währungsumstellung auf den Euro und die Datumswechsel 9.9.99 und 1.1.00 abgeschlossen werden. Hinsichtlich der Versäumnisse in der Vergangenheit werden diese Aktivitäten bei der Zuweisung von finanziellen und personellen Ressourcen mit Sicherheit absoluten Vorrang erhalten.
- Die neuen Zahlungssysteme sind zwar marktreif, aber meist noch im Stadium von Pilotversuchen. Selbst wenn deren Markteinführung noch 1998 beginnt, so dauert die Adaption neuer Technologien durch die Nutzer (selbst im Internet) erfahrungsgemäß mehrere Jahre.

[241] Stark vernetzte Systeme sind zudem besonders anfällig für Störungen von Software und ROM-Bausteinen, wie sie z.B. durch die Datumswechsel am 9.9.99 und 1.1.00 auftreten werden.

[242] ähnlich dem Paradigmenwechsel im Lebensmitteleinzelhandel, wo heute fast nur noch die (rationeller arbeitenden) Selbstbedienungsläden existieren.

- Electronic Commerce kann nur dann erfolgreich sein, wenn die interne Organisation den neuen Geschäftsprozessen angepaßt wird. Reengineering verläuft jedoch in langsam ablaufenden Prozessen.

Bezüglich des genannten Zeithorizontes ist also Skepsis angebracht. Die erwartete Implementierungswelle ist eher in den Jahren 2001 bis 2005 zu erwarten. Bei der rechlichen Regelung der neuen Materie hat es 1997 in Form des weltweit ersten Signaturgesetzes in Deutschland einen großen Fortschritt gegeben. Dies läßt berechtigte Hoffnungen zu, daß die Politik den Stellenwert von passenden rechtlichen Regelungen erkannt hat. Auch international wurde mit der Zollbefreiung von Dienstleistungen über das Internet durch die World Trade Organization ein Fortschritt erzielt. Diese Zeichen deuten darauf hin, daß bei maßgeblichen politischen Akteuren der politische Wille vorhanden ist, das neue Medium nicht durch frühe Regulierung zu belasten.

Für Prsonen, die nicht willens oder in der Lage sind, sich mit einem teuren, schwer zu administrierenden und schnell veraltendem PC zu belasten wird es Geräte mit spezialisierter Internetfunktionalität geben. Sie werden in Form von Telefonen mit Tastatur und Bildschirm sowie Settop-Boxen zur Internetnutzung mit einem Fernsehgerät am Markt erscheinen.

Die beschriebenen Tendenzen und die erläuterten Chancen werden zu einem stetigen Anstieg in der Implementierung von Electronic Commerce-Lösungen führen, wobei der business-to-consumer-Bereich dem business-to-business-Bereich folgen wird. Der erwartete Boom wird aber wegen zahlreicher Hindernisse nicht so früh einsetzen und in den Größenordungen bewegen, die von interessierter Seite vorausgesagt werden.

# 9 Quellenverzeichnis

**Bücher**

Alpar (1996)

Alpar, Paul: Kommerzielle Nutzung des Internet. 1. Auflage Berlin, Springer-Verlag 1996

Arentzen et al. (1995)

Ute Arentzen et al.: Gabler Wirtschaftslexikon. 13., vollst. überarb. Auflage Wiesbaden, Gabler Verlag 1993

Cheswick (1994)

Cheswick, William R.; Bellovin, Steven M.: Firewalls and Internet Security: Repelling the Wily Hacker. Addison-Wesley, Reading, 1994.

Ebeling (1997)

Ebeling, P.; Müller, R.: Intranet-Technologie. Seminararbeit am FG Betriebliche Kommunikationssysteme der TU Darmstadt (1997)

Flanagan [1996]

Flanagan, David: Java in a Nutshell – A Desktop Reference for Java Programmers; Cambridge, O'Reilly 1996

Garfinkel (1997)

Garfinkel, Simson; Spafford, Gene: Web Security and Commerce. Risks, technologies, and strategies. Cambridge, O'Reilly 1997

Heinen (1998)

Heinen, Irene (hrsg.): Internet – von der Idee zum kommerziellen Einsatz. Deutscher Internet Kongreß Frankfurt 1998. dpunkt Verlag, Heidelberg 1998

Hilgemeier (1997)

Mario Hilgemeier: Hilgemeier, Mario: Internet Growth - Host Count Turning Point in June 1997. URL: http://www.is-bremen.de/~mhi/inetgrow.htm

Imai (1986)

Masaaki Imai: KAIZEN: The key to Japan's competitive success. 1st Edition New York, McGraw-Hill 1986

Kalakota (1997)

Kalakota, Ravi: Electronic Commerce: A Manager's Guide. Addison-Wesley, Reading, Mass./USA 1997. In: http://ravi.gcatt.gatech.edu/ECGuide.htm

Kyas (1996)

Kyas, Othmar: Sicherheit im Internet. Bergheim, Datacom Verlag 1996

Mintert (1996)

Mintert, Stefan: JavaScript: Grundlagen und Einführung. Bonn, Addison-Wesley, 1996

Porter (1986)

Porter, Michael: Wettbewerbsvorteile. 1. Auflage Frankfurt/M., Campus Verlag 1986

Scheller (1994)

Scheller, Martin: Internet: Werkzeuge und Dienste. Berlin, Springer-Verlag 1996

Stanek (1996)

Stanek, William: Web Publishing für Insider. Haar bei München, SAMS Verlag 1996

Thome (1997)

Thome, Rainer: Arbeit ohne Zukunft? Organisatorische Konsequenz der wirtschaftlichen Informationsverarbeitung. Vahlen Verlag, München, 1997

**Internet**

Amazon (1998)

Amazon Corp.: The Amazon.com Associates Program. URL: http://www.amazon.com /exec/obidos/subst/partners/associates/assoc-referral-fees.html/8030-1314068-634689

DE-NIC (1997)

Das Wachstum des Internet. URL: http://www.nic.de/Netcount

Zakon (1998)

Zakon, Robert H.: Hobbes' Internet Timeline v3.3. In: http://info.isoc.org/guest/zakon/Internet/History/HIT.html

Blaze (1996)

Blaze, Matt et al: Minimal Key Lengths for Symmetric Ciphers To Provide Adequate Commercial Security. Chicago, 1996. In: http://www.theargon.com/info44.html

Brokat (1997)

o.V.: Brokat X-Pay Produktinformation. Brokat Informationssysteme GmbH. Böblingen 1997

Dierks (1997)

Dierks, Tim; Allen, Christopher: The TLS Protocol Version 1.0. Transport Layer Security Working Group. In: http://lists.w3.org/Archives/Public/ietf-tls

Dieterich (1992)

Dieterich, Roland: SmartCards: Grundlagen, Technik, Sicherheitsaspekte. Ausarbeitung zum Seminar Informatik und Gesellschaft III im WS 92/93 an der Universität Koblenz.

ECA (1997)

Electronic Commerce Association: Quick Guide to Electronic Commerce. A glossary of commonly-used terms. URL: http://www.eca.org

Ellermann (1995)

Ellermann, Uwe: Firewalls. Klassifikation und Bewertung. DFN-CERT Fachbereich Informatik. In: DFN-Bericht #75, Hamburg 1995.

Blane et al (1998)

Erwin, Blane et al: Sizing Intercompany Commerce. Forrester Research Corp. URL: http://www.access.forrester.com (dynamische Datenbankabfrage zum Stichwort „Electronic Commerce").

Gray (1996)

Gray, Matthew: Internet Statistics: Growth and Usage of the Web and the Internet http://www.mit.edu/people/mkgray/net/printable/index.html

Grippo (1997)

Grippo, Gary: Secure Electronic Commerce Takes a Major Step Forward in the U.S. Presseerkklärung 1997. In: http://www.mastercard.com/press/970724a.html

Häcker (1997)

Häcker, Tobias: Sicherheit im World Wide Web. Diplomarbeit Universität Heidelberg, 1997. In: http://people.swl.fh-heilbronn.de/~tobi/Diplomarbeit/diplo_59.html

Hager (1997)

Hager, Nicky: Exposing the Global Surveillance System. In: http://www.caq.com/caq59/CAQ59GlobalSnoop.html

Howard (1997)

Howard, John D: An Analysis Of Security Incidents On The Internet 1989 - 1995. Carnegie Mellon University, Dissertation 1997. In: http://www.cert.org/research/ JHThesis/index.html

Intelliquest (1997)

Intelliquest Corp.: Latest IntelliQuest survey counts 51 million American adults on the Internet/online services in the second quarter 1997 URL: http://Intelliquest.com

/about/release32.htm

IUKD (1997)

Gesetz zur Regelung der Rahmenbedingungen für Informations- und Kommunikationsdienste (Informations- und Kommunikationsdienste-Gesetz - IuKDG) in der Fassung des Beschlusses des Deutschen Bundestages vom 13. Juni 1997. Bundetags-Drucksache 13/7934 vom 11.06.1997.

Janke (1997)

Janke, Marcus; Laackmann, Peter: Eurocheque-Karten: Sicherheitsmängel des ec-PIN-Verfahrens. Card Forum 9/1997, S. 39-47. In: http://home.t-online.de/ home/gramberg/ forum.htm

Krüger (1998)

Krüger, Ralf E.: Lauschangriff–Echelon entgeht nichts. In: „Der Spiegel“, Online-Ausgabe („Netzwelt“). In: http://www.spiegel.de/netzwelt/themen/echelon_fr.html

Manasse (1997)

Manasse, M.: The Millicent protocols for electronic commerce. URL: http://www.milliCent.digital.com/html/papers/mCentny.htm

Mastercard (1997)

o.V.: SET Pilot Programs. Presseerklärung, 1997. In: http://www.mastercard.com /set/pilots.html

Novell (1998)

O.V.: http://www.novell.com/corp/intl/uk/press/spam.html

EYP (1998)

E-mail Beats Telephone As Top Means of Workplace Communication. Earnest, Young&Partner, 1998. In: http://www.ey.com/press/releases/040798.htm

Raggett (1998)

Raggett, Dave et al: HTML 4.0 Specification. World Wide Web Consortium, 1998. In: http://www.w3.org/TR/1998/REC-html40-19980424W

RFC 1034

Mockapetris, P.: Domain Names – Concepts and facilities. Network Working Group, 1987. In: http://ds.internic.net/rfc/rfc1034.txt

RFC 1035

Mockapetris, P.: Domain Names – Implementation and specification. Network Working Group, 1987. In: http://ds.internic.net/rfc/rfc1035.txt

RFC 1521

Borenstein, N; Freed, N.: MIME (Multipurpose Internet Mail Extensions) Part One: Mechanisms for Specifying and Describing the Format of Internet Message Bodies. Network Working Group, 1993. In: http://ds.internic.net/rfc/rfc1521.txt

RFC 1523

Borenstein, N: MIME (Multipurpose Internet Mail Extensions) part three: The text/enriched MIME Content-type. Network Working Group, 1993. In: http://ds.internic.net/rfc/rfc1523.txt

RFC 1522

Moore, K.: MIME (Multipurpose Internet Mail Extensions) part two: Message Header Extensions for Non-ASCII Text. Network Working Group, 1993. In: http://ds.internic.net/rfc/rfc1522.txt

RFC 1630

Berners-Lee, Tim: Universal Resource Identifiers in WWW. Network Working Group, 1994. In: http://ds.internic.net/rfc/rfc1630.txt

RFC 1700

Reynolds, J; Postel, J: Assigned Numbers. Network Working Group , 1994. In: http://ds.internic.net/rfc/rfc1700.txt

RFC 1939

Myers, J.: Post Office Protocol - Version 3. Network Working Group, 1996. In: http://ds.internic.net/rfc/rfc1939.txt

RFC 1945

Berners-Lee, T.: Hypertext Transfer Protocol – HTTP/1.0. Network Working Group, 1996. In: http://ds.internic.net/rfc/rfc1945.txt

RFC 2068

Fielding, R. et al: Hypertext Transfer Protocol – HTTP/1.1. Network Working Group, 1997. In: http://ds.internic.net/rfc/rfc2068.txt

RFC 768

Postel, Jonathan: User Datagram Protocol. Information Sciences Institute, 1980. In: http://ds.internic.net/rfc/rfc768.txt

RFC 791

Postel, Johnathan: DARPA Internet program protocol specification. Defense Advanced Research Projects Agency, 1981. In: http://ds.internic.net/rfc/rfc791.txt

RFC 792

Postel, J: Internet Control Message Protocol. Network Working Group

, 1981. In: http://ds.internic.net/rfc/rfc792.txt

RFC 793

Information Sciences Institute.: Transmission Control Protocol. Defense Advanced Research Projects Agency, 1981. In: http://ds.internic.net/rfc/rfc793.txt

RFC 821

Postel, Jonathan: Simple Mail Transfer Protocol. Information Sciences Institute, 1980. In: http://ds.internic.net/rfc/rfc821.txt

RFC 822

Crocker, David H.: Standard for ARPA Internet Text Messages. University of Delaware, 1982. In: http://ds.internic.net/rfc/rfc822.txt

RFC 826

Plummer, David C.: An Ethernet Address Resolution Protocol. Network working group, 1982. In: http://ds.internic.net/rfc/rfc826.txt

RFC 903

Finlayson, Ross et al: A Reverse Address Resolution Protocol. Network working group/Stanford University, 1984. In: http://ds.internic.net/rfc/rfc903.txt

Seliger (1998)

Seliger, Frank: GeldKarte der deutschen Kreditwirtschaft. In: http://www.darmstadt. gmd.de/ ~seliger/GeldKarte/ecindex.html

UPS (1998)

o.V.: UPS Makes Internet Delivery a Reality with Document Exchange. United Parcel Service, 1998. In: http://www.ups.com/news/980304netdox.html

Netcraft (1998)

The Netcraft Web Server Survey. URL: http://www.netcraft.com/survey

Network Wizards (1997)

Internet Domain Survey, July 1997. URL http://www.nw.com/zone/WWW/report.html

#### Sonstige

Betsch (1996)

Betsch, Oskar: Neustrukturierung der Vertriebswege für Finanzdienstleitungen – Bleiben die Banken im Spiel ? In: Tagungsband „Internet–Chancen und Risiken“. 3. Frankfurter Finanzforum, Frankfurt 1996

Milkau (1996)

Milkau, Udo: Online-Investment-Banking und WWW bei der Dresdner Bank Investmentgruppe. In: Tagungsband „Internet–Chancen und Risiken". 3. Frankfurter Finanzforum, Frankfurt 1996

C't (1997-1)

o.V.: US-Online-Statistik: Die fetten Jahre sind vorbei. In: C't 13/1997, S. 48. Heise Verlag, Hannover 1997

C't (1997-2)

Rink, Jürgen: Hinters Licht geführt. Bits in Audio- und Videodateien verstecken. In: C't 06/1997, S. 330 ff. Heise Verlag, Hannover, 1997

C't (1998-1)

Luckhardt, Norbert: Nicht ganz dicht: Jugendliche Hacker knacken T-Online. In: C't 7/1998, S. 62. Heise Verlag, Hannover 1998

C't (1998-2)

Kossel, Axel; Wronski, Hans-Jürgen: Web-Warenhäuser. In: C't 11/1998, S. 146-150. Heise Verlag, Hannover 1998

C't (1998-3)

o.V.: Digitale Wasserzeichen löschen. In: C't 4/1998, S. 47. Heise Verlag, Hannover 1998

C't (1998-4)

Haddouti, Christine: Lauschverordnung gestoppt. In: C't 13/1998, S. 32. Heise Verlag, Hannover 1998

C't (1998-5)

Meyer, Egbert: Redmonds 'heiliger Krieg'. In: In: C't 12/1998, S. 22. Heise Verlag, Hannover 1998

CW (1997-2)

o.V.: Zwischenbetriebliche Integration stößt an Grenzen. In: Computerwoche 22/1997, S. 58

CW (1997-3)

o.V.: NEC wickelt 90% der Einkäufe über das Internet ab. In: Computerwoche 24/1997

FAZ (1996)

Pfeiffer: Die Betriebswirtschaft einer Zeitung. Vortrag vor Teilnehmern eines TUD-Seminars am 8.2.1996 bei der Frankfurter Allgemeinen Zeitung.

Forrester (1996)

Bass, Bill: What Time Warner should do with Pathfinder. Media & Technology Strategies, Volume One, Number Two. In: http://www.forrester.com

Hanser (1997)

Hanser, Peter: Planlos in die Zukunft ? In: Absatzwirtschaft 9/1997, S. 106

IW (06/98)

Klein, Pit: Lotto-Skandal. In: Internet World 06/1998, S. 14. Web Media Verlag, München

Klein (1995)

Klein, Daniel V.: Foiling the Cracker: A Survey of, and Improvements to, Password Security. In: http://www.abc.se/~jp/articles/computer/security/passwd2.txt

KPMG (1997)

Hartmann, Detlef et al: Electronic Commerce in deutschen Industrie- und Handelsunternehmen. KPMG Unternehmensberatung, München 1997

NI (1998)

o.V.: Lernen mit dem Online-Markt. Interview mit Nilsson Ragnar, Multimedia-Verantwortlicher der Karstadt AG. In: Net Investor 05/98, S. 28. Net Investor Verlag, München 1998

Pfeiffer (1996)

Die Betriebswirtschaft einer Zeitung. Vortrag vor Teilnehmern eines VWL-Seminars am 8.2.1996 bei der Frankfurter Allgemeinen Zeitung.

Rominski (1997)

Rominski, Dietrich: Der Inhalt entscheidet. In: Absatzwirtschaft 04/1997, S. 108-110.

Telekom (1998)

Deutsche Telekom AG: Preisliste Shop complete. Bonn, 1998

Zeit (1997-1)

Betz, Klaus: Auf Ticketjagd im Web. In: Die Zeit 47/1997, S. 75

*Diplomarbeiten* **Agentur**

Die Diplomarbeiten Agentur vermarktet seit 1996 erfolgreich Wirtschaftsstudien, Diplomarbeiten, Magisterarbeiten, Dissertationen und andere Studienabschlußarbeiten aller Fachbereiche und Hochschulen.

**Seriosität, Professionalität und Exklusivität prägen unsere Leistungen:**

- Kostenlose Aufnahme der Arbeiten in unser Lieferprogramm
- Faire Beteiligung an den Verkaufserlösen
- Autorinnen und Autoren können den Verkaufspreis selber festlegen
- Effizientes Marketing über viele Distributionskanäle
- Präsenz im Internet unter **http://www.diplom.de**
- Umfangreiches Angebot von mehreren tausend Arbeiten
- Großer Bekanntheitsgrad durch Fernsehen, Hörfunk und Printmedien

Setzen Sie sich mit uns in Verbindung:

***Diplomarbeiten* Agentur**
**Dipl. Kfm. Dipl. Hdl. Björn Bedey –**
**Dipl. Wi.-Ing. Martin Haschke —**
**und Guido Meyer GbR —**

**Hermannstal 119 k —**
**22119 Hamburg —**

**Fon: 040 / 655 99 20 —**
**Fax: 040 / 655 99 222 —**

**agentur@diplom.de —**
www.diplom.de —